Compreenda os seus Sonhos

1.500 símbolos ajudam você a interpretar os seus sonhos

Alice Anne Parker

Compreenda os seus Sonhos

1.500 símbolos ajudam você a interpretar os seus sonhos

Tradução
CARLOS A. L. SALUM
ANA LÚCIA FRANCO

EDITORA PENSAMENTO
São Paulo

Título do original:
Understand your Dreams
1500 Basic Dream Images and How to Interpret Them

Publicado originalmente nos Estados Unidos por
H. J. Kramer, Inc. P.O. Box 1082, Tiburon, CA 94920.

Edição	**Ano**
1-2-3-4-5-6-7-8-9	**97-98-99**

Impresso em nossas oficinas gráficas.

Com agradecimentos sinceros
ao dr. Thomas Maughan
a Jane Roberts
a Eya Yellin
e a Alvan Perry Parker

Aos nossos leitores

Os livros que publicamos são a nossa contribuição para o surgimento de um mundo baseado na cooperação e não na competição, na afirmação do espírito humano e não na dúvida acerca de si mesmo, e na certeza de que toda a humanidade está unida. Nossa meta é alcançar o maior número de vidas possível com uma mensagem de esperança por um mundo melhor.

"...Porque os verdadeiros símbolos têm algo de ilimitado. São inesgotáveis em seu poder de sugerir e ensinar... Os significados precisam ser constantemente revistos, compreendidos outra vez. E não passa de um trabalho metódico a interpretação da incrível metamorfose, sempre imprevisível. Nenhum adepto da sistematicidade que preze sua reputação correria de boa vontade o risco da aventura. Ela deve, portanto, continuar existindo para o diletante inquieto. Daí, este livro."

Heinrich Zimmer,
The King and the Corpse,
organizado por Joseph Campbell

Sumário

Introdução à Segunda Edição

Quero agradecer a todos os leitores que me enviaram listas de imagens para serem incluídas na segunda edição de *Compreenda os seus Sonhos*. Quero agradecer especialmente a todos os que escreveram para dizer quanto gostaram do livro e quanto ele é útil! Essas cartas parecem sempre chegar no momento exato. Aprecio muito recebê-las, pois preciso de um pouco de reconhecimento e apoio.

Como muitos de vocês, já passei pela experiência de procurar a imagem de um sonho no livro, ler as associações ou questões relacionadas e depois pensar com um pouco de irritação: "Não, não é nada disso!" Geralmente isso acontece quando a imagem significa alguma coisa específica para mim ou para aquele sonho em particular. Mas mesmo quando o significado pessoal está distante das associações e questões referidas, estas sempre ajudam a revelar níveis profundos de significação.

Por favor, lembre-se de que a chave para a interpretação do sonho é sempre o sentimento. Como você se sentiu no sonho? Como se sentiu diante daquele objeto, pessoa ou atividade? Para algumas pessoas, um "banquete" pode ser um ritual enfadonho; para outras, talvez signifique um reconhecimento há muito desejado. Assim, a "celebração formal" e o "reconhecimento", que são as associações mencionadas no livro, significam uma coisa diferente para cada leitor. Mas quando o sentimento vem à tona, o significado correto aparece.

Sou grata a Sam Wagonvoord e a Ted Sax, da Rádio K108 de Honolulu, a John Kelleher e ao brilhante Gray Gleeson, da Rádio KGU, também de Honolulu, e especialmente a todos os que telefonaram passando as imagens de seus sonhos para o "Dreamline", meu programa radiofônico sobre sonhos.

Finalmente, quero agradecer aos amigos que escreveram ou telefonaram oferecendo colaborações para esta edição, especialmente Wendy Saito, Kristina Natalie, Luana Kuhns, Laura Paulson, Jesse Molina, Karma Blank e meu colega Toni Gallardi. Meu marido, Henry Holthaus, merece todo o reconhecimento por sua colaboração no programa "Dreamline" e por seu imbatível bom humor. Sou especialmente grata a Nancy Grimley Carleton, por sua paciência e por seu excelente toque editorial, e a Uma Ergil da H. J. Kramer, por seu apoio generoso e pelo lindo trabalho que realizou nesta edição.

Agradecimentos

Há vários anos, meu amigo Bosco d'Bruzzi sugeriu que eu escrevesse um livro sobre imagens de sonhos. Como muitas outras pessoas sérias que trabalham com sonhos, eu tinha uma grande aversão por dicionários de sonhos, apesar de possuir uma coleção de fascinantes versões de *best-sellers* do século dezenove, como *What Your Dream Meant,* de Martini, o Quiromante.

Um dia, quando estava folheando *Heal Your Body,* o manual de valor inestimável de Louise Hay sobre origens metafísicas para problemas físicos, compreendi que um livro equivalente sobre imagens de sonhos seria um instrumento eficaz para quem se interessasse por sonhos. Minha amiga Sara Halprin sugeriu que eu indicasse "associações" para as imagens em vez de "significados", e assim começou este trabalho.

Quero agradecer especialmente a Louise Hay por inspirar o formato deste livro e por sua orientação ao mesmo tempo visionária e prática.

Devo muito também a Gabrielle Lusser Rico e a Tony Buzan, que desenvolveram independentemente técnicas semelhantes de "desdobramentos", ordenando as informações num padrão de círculos, como fiz com os sonhos. Nos Estados Unidos, Rico desenvolveu este processo de livre debate não-linear como uma maneira de estimular a criatividade e a coerência de alunos que estudam para ser escritores. Ao mesmo tempo, na Inglaterra, Tony Buzan usou um processo que chamava de "mapeamento", um método de conhecer os dois lados do cérebro na organização de um volume de informações. Durante muito tempo usei a técnica de mapeamento de Tony, como a descreveu em seu livro *Use Both Sides of Your Brain* para brincar com idéias e para organizar material de cursos. Mas ao ler o livro de Rico, *Writing the Natural Way*, percebi a utilidade do processo de agrupamento no registro de sonhos.

Todos nós ficamos honrados pelo apoio incansável dos amigos que nos encorajam em meio aos desapontamentos que levam ao sucesso. Tenho o privilégio de incluir nesta categoria Tam Mossman, cujo conhecimento muito contribuiu para a minha confiança e crescimento como escritora. Minha querida amiga LaUna Huffines gentilmente me levou aos editores perfeitos: Hal e Linda Kramer. Minha filha, April Severson, meu marido, Henry Holthaus e meus amigos, Freude Bartlett e Mary Kathryn Cope, merecem meus agradecimentos sinceros por todos os anos de confiança incansável em meu trabalho. Este livro tem uma dívida enorme para com a amizade de Mel Lee, Lana Sawyer, Owen Sawyer, Barbara Such, Peter Bloch, Mary Platt, Kathy Vinton, Herb Long, Harold Cope, Terence Stamp, Sheila Rainer, Pamela Norris, Peggy Donavan e Herb Goodman. Sou grata também aos participantes do seminário que organizei em Honolulu sobre Sonho Interativo, os quais proporcionaram um excelente material para o desenvolvimento do meu catálogo de imagens. Meus agradecimentos a Sandra Brockman, Mary Kathryn Cope, Nancy Crane, Bosco d'Bruzzi, Carla Hayashi, Henry Holthaus, Jan Kaeo, Luana Kuhns, Patricia Martin, Garrett Miyake, Karen Miyake, Georgia Putnam, Jessica Putnam, Doris Rarick, Helen Schlapak, John Squires e Margaret Stallings.

Meus agradecimentos a todos os que compartilharam generosamente seus sonhos em meus grupos de estudo, no meu programa de rádio e na "Dreamline", minha coluna no jornal.

Parte Um

Relembre e Compreenda os seus Sonhos

O Trabalho com Sonhos

Nos últimos trinta anos, trabalhei com milhares de sonhos — meus e de outras pessoas. Depois de conversar com inúmeros clientes, cheguei à conclusão de que há três barreiras básicas a serem vencidas quando se quer chegar a um trabalho gratificante com os sonhos.

A primeira é óbvia e muito familiar: *não conseguir lembrar-se dos sonhos.* Se você tem esse problema, comece a anotar qualquer sonho — ou fragmento de sonho — de que se lembra, de qualquer época de sua vida. Nas páginas seguintes você vai aprender os passos básicos para investigar os sonhos. Muitas vezes, o simples ato de prestar atenção num sonho, mesmo que seja do passado, é suficiente para estimular um novo padrão de recordação dos sonhos.

Mas e se você *nunca* consegue se lembrar de um sonho? Ainda há esperanças! Em vez de anotar um sonho, anote uma de suas primeiras lembranças como se fosse um sonho. Comece evocando uma recordação de infância — se possível, uma que venha acompanhada de emoções fortes. Mas serve até mesmo um fato de que você se lembre vagamente. Uma ou duas imagens, mais os sentimentos associados a elas, já lhe darão muito material com que trabalhar. Então, ao processar essa recordação por intermédio das técnicas básicas explicadas mais adiante, você abrirá uma porta para as mensagens fascinantes (e às vezes muito práticas) que o esperam logo além do portal da sua consciência. Em muitos casos, ao examinar com atenção um sonho ou uma lembrança semelhante a um sonho, você começa inesperadamente a relembrar os sonhos de forma mais regular.

A segunda barreira ao trabalho com o sonho é a mais comum: *não ser capaz de compreender os sonhos de que você se lembra.* Nesta seção eu lhe revelarei alguns meios básicos para descobrir os muitos níveis de significado que a maioria dos sonhos oferece. O índice da Parte Dois deste livro lhe dará um impulso para começar a decifrar até os mais impenetráveis símbolos dos sonhos.

A terceira barreira para o trabalho com os sonhos talvez seja a mais séria: *a maioria de nós simplesmente não tem tempo para anotar os sonhos.* Por mais dedicação que você demonstre, a correria de aprontar os filhos para a escola, as interrupções provocadas pelos telefonemas da manhã e todas as exigências da sua lida diária serão interferências. Devido a alguns minutos de demora, detalhes vitais de um sonho podem simplesmente se evaporar. Uma de minhas clientes disse que deixava seu caderninho de anotação de sonhos na penteadeira e não ao lado da cama. Quando atravessava o quarto já era tarde demais — o sonho todo já tinha escapado da memória.

Como decifrar aquilo de que você nem se lembra mais? Mesmo que se lembre bem dos sonhos, você precisa anotá-los de maneira eficaz — e *rápida* — antes que escapem. O processo de oito etapas, exposto a seguir, o ajudará a se lembrar dos seus sonhos *e* a compreendê-los.

Um Processo de Oito Etapas para Compreender os seus Sonhos

Etapa 1: Anote as imagens do seu sonho.

Nos sonhos, as coisas acontecem de maneira engraçada, todas de uma vez. Não ocorrem de maneira linear, numa seqüência um-dois-três, como os acontecimentos da vida consciente. Anotá-las em parágrafos narrativos não apenas leva muito tempo, mas também deturpa o sentido do sonho original, no qual os acontecimentos interagem de forma muito mais circular, holística e organizada. Assim, em vez de escrever seu sonho, experimente ordenar as imagens do sonho num padrão de círculos, fácil de fazer.

Isso leva muito menos tempo do que escrever uma frase depois da outra e permite também que você relacione os acontecimentos do sonho de forma mais fluente e flexível. Agrupe as principais imagens do sonho num padrão de círculos e depois deixe a informação amadurecer enquanto você prossegue com suas atividades. Faça um círculo para cada elemento, de um tamanho que exprima a importância de cada imagem ou acontecimento. Use um círculo grande para "abranger" algumas palavras que descrevam a ação central, talvez com círculos menores em volta para representar a seqüência de acontecimentos. Não é necessário copiar os círculos perfeitos dos padrões exemplificados no livro. Rabisque rapidamente um círculo e anote as imagens básicas. Veja na Figura 1 alguns exemplos de padrões.

Com essa técnica, você pode anotar rapidamente todos os componentes principais do sonho — isso é mais do que suficiente para despertar sua memória mais tarde, quando tiver tempo para rever o diagrama. Este método não é apenas mais rápido que descrever um sonho em frases completas, mas também lhe dá um registro mais exato da experiência original. O diagrama de círculos permite relacionar os acontecimentos do sonho de forma mais fluente e flexível.

Pode ser que leve algumas manhãs para você se sentir totalmente à vontade com este novo sistema, mas ele vai permitir que você anote rapidamente sonhos longos e complexos, mesmo quando estiver com pressa.

Etapa 2: Que palavra ou frase expressa melhor o seu sentimento nesse sonho?

Você pode resolver a Etapa 2 a caminho do trabalho ou ao parar de manhã para tomar uma segunda xícara de café, ou à noite, antes de ir para a cama. Pergunte a si mesmo: "Como eu me senti no sonho?" ou "Como o sonho fez com que eu me sentisse?"

A resposta deve ser fácil, apesar de um pouco ambígua: "curioso", "preocupado" e "confuso" são respostas comuns. No caso de um sonho ruim, a resposta será "ansioso" ou mesmo "aterrorizado". Um sonho maravilhoso pode provocar um sentimento de "êxtase". Meus sonhos favoritos me deixam com uma sensação de que tudo vai bem, de que as coisas estão se combinando com perfeição.

Mas, muitas vezes, a resposta será mais complexa, como por exemplo: "Não sei por que nunca vivi nessa casa maravilhosa!" ou "Não sei como vou conseguir arrumar as malas e tenho medo de perder o avião!" Aqui, a chave está nas palavras que evocam emoções: *"Não sei por que nunca vivi...", "Não sei como vou conseguir", "Tenho medo de perder..."*

Etapa 3: Esse mesmo sentimento está presente na sua vida consciente?

Ir até a origem de cada sentimento pode ser um pouco traiçoeiro, mas em muitos casos você sentirá uma pontada de reconhecimento e

Figura 1: Amostra de padrões para os círculos do sonho

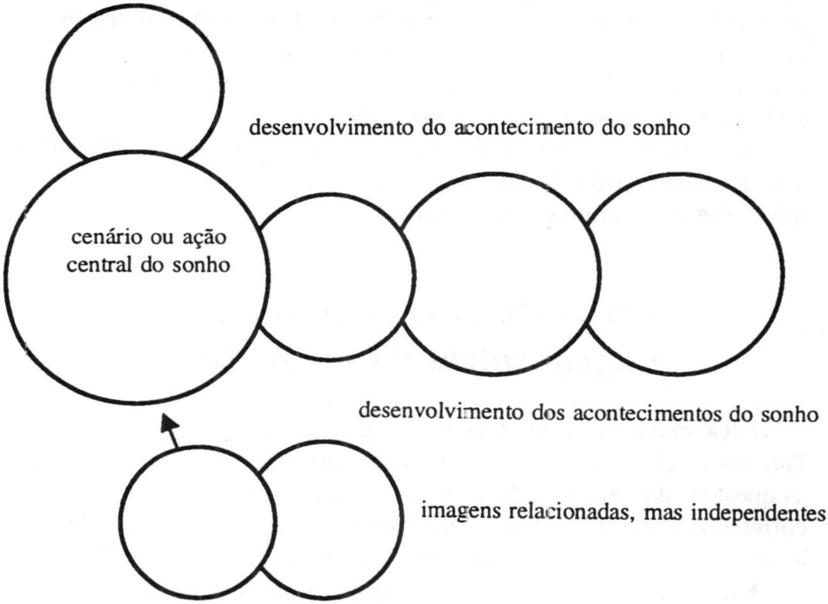

Talvez você ache melhor unir os círculos com flechas ou símbolos.

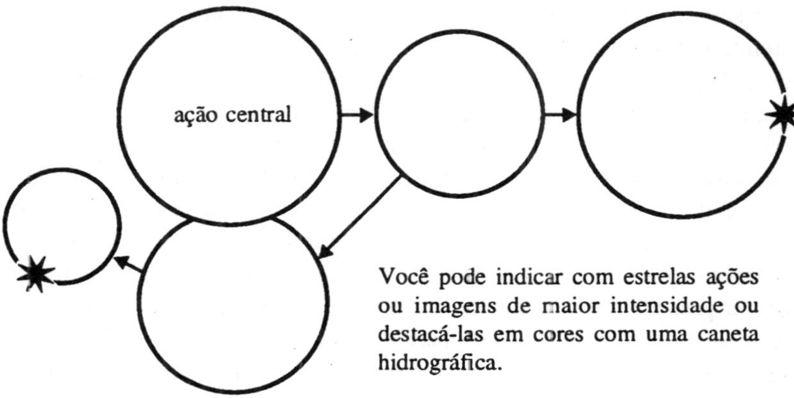

Você pode indicar com estrelas ações ou imagens de maior intensidade ou destacá-las em cores com uma caneta hidrográfica.

alguma área específica de sua vida entrará em foco. Ao usar os exemplos dados na Etapa 2, você poderá descobrir que não resolveu os sonhos da infância, que não sabe como arrumar toda a "bagagem" de atitudes acumuladas e ainda "voar" para uma consciência maior do que está realmente acontecendo em sua vida.

Ao formular e ao responder a essas perguntas, você começará a usar a compreensão de valor inestimável que os sonhos de todas as noites lhe oferecem com orientação tão criativa.

Etapa 4: Quais eram as atividades significativas no seu sonho?

Faça uma lista das atividades-chave de seu sonho e vá à Parte Dois. Para cada ação, procure a associação apresentada na segunda coluna e as questões da terceira coluna. Se as associações e questões parecerem corretas, anote as respostas, especialmente se você vem sonhando com as mesmas atividades por um período de tempo considerável.

No início, você pode achar difícil discernir essas atividades "típicas" de sonhos. Muitos de nós temos padrões regulares de sonhos, mas eles se tornaram tão familiares que nem ligamos mais. Por exemplo: você sempre sonha que está procurando um novo apartamento, combatendo um inimigo, fazendo compras, achando notas e moedas, ou em busca de uma boa refeição? Nos meus sonhos, eu sempre estava viajando. Essa atividade parecia tão banal que nunca analisei o significado que poderia haver por trás dela. Mas eu geralmente voltava minha atenção para a maneira de viajar e para os inevitáveis problemas e demoras do caminho, sem me dar conta de que a estrutura essencial dos meus sonhos era estar viajando constantemente. Foi uma verdadeira descoberta quando percebi finalmente que meus sonhos me enviavam boletins precisos sobre a minha história pessoal, sobre a minha busca interior por caminhos melhores e por uma passagem mais direta para a meta de uma consciência maior. Continuo na estrada em muitos dos meus sonhos, mas agora estou mais atenta para o significado mais profundo dessas viagens constantes!

Para analisar as atividades do seu sonho, especialmente se elas já apareceram em muitos sonhos recorrentes, procure essas atividades na

Parte Dois deste livro e veja se as associações lhe parecem acertadas. Às vezes, as associações não servem para você, mas se perceber o que *não* é perfeitamente correto será estimulado a descobrir a resposta exata. Depois, faça a si mesmo a pergunta ou perguntas que aparecem na coluna da direita. Mesmo que essas perguntas não sejam adequadas, elas geralmente lhe dão a chave para a pergunta que você *precisa* fazer.

Trabalhe com um parceiro

Sonhar ativamente é muito mais divertido quando você tem alguém que possa usar como apoio. Às vezes, o simples fato de ter alguém para lhe fazer as perguntas da coluna da direita da Parte Dois ajuda a estimular uma resposta. Compartilhar um diálogo de sonho com seu companheiro, com outros membros da família ou com um bom amigo enriquece os sonhos de todos, assim como a consciência coletiva. Lembre-se de que o aumento dessa consciência é altamente contagioso.

Etapa 5: Faça uma lista dos personagens do seu sonho. Que parte de você cada personagem representa?

Na Etapa 5, faça uma lista do "elenco" do seu sonho — das figuras e personagens que aparecem nele — e examine-os um por um. Se são pessoas reais, que você conhece pessoalmente, podem representar a si mesmas ou aos seus sentimentos em relação a elas: sua mulher é realmente sua mulher, seu amigo é seu amigo, e assim por diante. Mas para descobrir o significado do sonho, pode ser bom descrever essas pessoas familiares com uma palavra ou duas: "Minha mulher é *capaz* e *extravagante*." "Meu amigo tem *pouca força de vontade* mas é *bem-intencionado*."

Agora uma tarefa um pouco mais difícil: pergunte que *aspectos* do seu eu estão refletidos nas várias figuras do sonho. Em outras palavras: de que maneiras *você* é capaz e extravagante? Por que *você* se considera com pouca força de vontade mas bem-intencionado? Procure também Mulher e Amigo para ver que associações essas relações trazem a você.

Quando pessoas aparentemente estranhas têm uma função na história do seu sonho, você pode procurar as funções ou profissões na Parte Dois. Para Dentista, por exemplo, a associação é "aperfeiçoe a independência e o poder". Se essas associações lhe parecerem corretas, faça as perguntas relacionadas com cada personagem. Para Dentista, a pergunta é: "Qual parte do meu eu precisa de fortalecimento?"

Etapa 6: Enumere os lugares, objetos, cores e acontecimentos significativos do sonho.

Mais uma vez, se as associações e perguntas enumeradas no livro parecerem relevantes para o sonho, anote a resposta.

Se o dentista do sonho da Etapa 5 estiver trabalhando nos seus dentes, você vai encontrar em Dentes outras associações: "independência, poder, capacidade de se alimentar e de se comunicar". Aqui, as perguntas são: "Onde, na minha vida, tenho medo da dependência?" e "O que eu desejo dizer?"

Faça uma lista de todos os objetos, lugares, cores e acontecimentos do seu sonho — especialmente aqueles que parecem particularmente vívidos ou obviamente incomuns ou fora de lugar. Na maioria dos sonhos, certos lugares e objetos são proeminentes. Quando se lembrar do sonho depois, eles aparecerão em detalhes ou você sentirá um campo emocional mais forte em torno deles. Ao procurar associações e perguntas, dê atenção especial a essas imagens fortes.

As associações apresentadas na Parte Dois são geralmente neutras ou positivas. Se sonhar com um cachorro bravo, por exemplo, vai ver que Cachorro está associado a qualidades positivas de lealdade e confiança. Se o cachorro do seu sonho parecer estar ameaçando você, ajuste as perguntas: "Onde eu me sinto *ameaçado* por falta de lealdade?" ou "No que eu *não* confio em mim mesmo?"

A lista de imagens apresentadas aqui não poderia ser completa. Qualquer coisa que você imagine (e muitas coisas que nem imagina!) aparecem nos sonhos. Mas para descobrir os significados e associações dessas imagens, você pode usar como pistas idéias ou objetos relacionados. Por exemplo, se sonhar que seus dentes estão caindo, você pode ficar decepcionado ao descobrir que não há nada no livro para essa imagem determinada. Mas procure Dentes e Queda e será levado a fazer perguntas importantes: "Onde, na minha vida, tenho medo da dependência?" e "Onde quero pousar?"

Talvez, para você, o medo da dependência seja um obstáculo para relacionamentos íntimos, fazendo com que tenha medo de se apaixonar. Mas com este manual do sonho, você talvez descubra que o que realmente quer é "pousar" num relacionamento confiável, que sempre esperou.

Vocabulário pessoal do sonho

A maioria de nós tem um amplo vocabulário de sonho, baseado nos interesses e especialidades da nossa vida consciente. Em um dos meus seminários sobre sonhos, uma decoradora de interiores disse que em seus sonhos havia sempre imagens ricamente detalhadas, cheias de texturas e padrões elaborados. Para compreender esses sonhos, ela começou a trabalhar com associações primárias para imagens, como parede, carpete, mobília, cadeira, antigüidades, cores, e assim por diante. Mas para acompanhar os níveis mais sutis de significado, ela precisou dar mais um passo, perguntando a si mesma o que sentia em relação aos detalhes de cada imagem.

Num dos seus sonhos apareciam duas cadeiras. Ela descreveu uma delas como uma autêntica cadeira estilo Luís XV, forrada em *jacquard* verde-escuro. A cadeira era bela e valiosa, mas também dura, frágil e bastante desconfortável. Ela concluiu que essa cadeira representava seu desconforto diante de velhos princípios e atitudes. A segunda cadeira, uma cópia de um estilo mais recente, era menos valiosa mas muito mais útil.

A decoradora considerou, então, cada detalhe específico, procurando níveis mais pessoais de significado. Foi uma aula de estilo ouvi-la comparar a cadeira Luís XV com a outra cadeira, o verde-escuro com o azul-esverdeado, o tecido de *jacquard* com a estampa de bolinhas. À medida que analisava cada detalhe das cadeiras, surgiam mais e mais informações sobre mudanças que ela estava preparando — tanto profissionais quanto pessoais.

Quando seu trabalho com o imaginário levar você para longe de suas áreas de interesse, pergunte-se como se sente em relação aos detalhes do sonho que chamaram a sua atenção. Níveis pessoais de associação vão ampliar rapidamente as questões e os significados gerais apresentados na Parte Dois deste livro.

Análise de amostras de sonhos

Eis alguns exemplos dos passos 1 a 6, retirados do meu diário de sonhos. A história do sonho é curta, mas significativa. Primeiro, quero relatar o sonho na forma linear, convencional:

Estou andando de carro com minha velha amiga Joan. Cabulamos aulas juntas para ir nadar. Estou muito contente por passar esse tempo com ela. Depois deixo minha filha April na estação de trem. Preocupo-me com os detalhes da viagem, achando que ela pode perder a conexão com o barco.

Não tenho a certeza de qual parte do sonho aconteceu primeiro.

Usando a técnica dos círculos da Etapa 1, foi fácil e rápido encaixar esses dois acontecimentos, ou imagens, em dois círculos grandes.

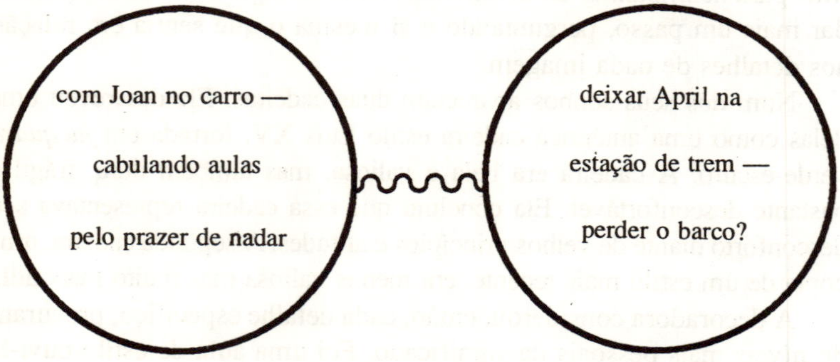

Como eu não tinha certeza de qual parte do sonho havia acontecido primeiro, tracei uma estranha linha sinuosa entre os dois círculos. As atividades pareciam oferecer diferentes escolhas de comportamento — como se uma equilibrasse ou excluísse a outra.

Etapa 2: que palavra ou frase expressa melhor seu sentimento nesse sonho? Primeiro escrevi a frase "perder o barco!" Esse era o meu sentimento mais forte. Tinha acordado com aquela sensação de entusiasmo, misturada com aquela ansiedade que os apitos de navios e o quadro de horários dos trens provocam em mim. "Será que vamos chegar a tempo?" Depois escrevi: "*Preocupada* por não ir com April — mas *contente* por passar algum tempo com Joan."

Etapa 3: quando esse mesmo sentimento esteve presente em sua vida consciente? Nenhuma vontade de reconhecimento. Ao pensar nessas emoções, a sensação era mais como uma pontada desagradável na nuca. "Relação com trabalho e ambição", escrevi, "estou preocupada em perder o barco do sucesso — mas acredito que já sei o que preciso saber e que posso cabular aulas para passar algum tempo com velhos amigos."

No diário pulei a Etapa 4, a pergunta sobre identificar atividades significativas do sonho — mas vou falar disso depois. Etapa 5: que parte do seu eu cada personagem do sonho representa? Comecei considerando as características de minha filha April, que naquela época estudava numa universidade de renome. Ela parecia representar, para mim, a realização das ambições. Acrescentei que ela sabia se divertir e que eu sentia um amor profundo e duradouro por ela. Traduzindo essas informações percebi que, para mim, ela encarnava — ou refletia — esses traços.

Para Joan, escrevi: "falta de ambição", "negação do prazer" e "traição da amizade". Ou seja, eu a via como alguém que não realizou as antigas ambições, que tinha se negado muitos prazeres e que traía nossa amizade. Percebi que ela representava a parte do meu eu que se sente fracassada, que nega a alegria e recusa o amor. Não é um quadro favorável!

Depois de trabalhar com as associações e perguntas relevantes que seus sonhos lhe trazem, você terá uma boa idéia das áreas de sua vida que exigem transformação. Agora, em vez de continuar a ser um observador passivo dos acontecimentos, você pode se tornar um participante ativo da criação dos sonhos.

Etapa 7: Você gostaria de fazer alguma mudança nesse sonho? Qual?

Até um sonho ruim é um estímulo para a mudança, pois indica as áreas em que você está pronto para crescer. Pelo simples fato de o sonho ruim ser tão poderoso, ele sempre chama sua atenção para a área de sua vida que está pronta para ser trabalhada. Um pesadelo — sobre dentes caindo, por exemplo — pode indicar o caminho de um relacionamento comprometido e alegre. O simples reconhecimento desse fato é um passo na direção correta.

Agora, *decida que mudanças gostaria de fazer no sonho.* Todos os elementos do seu sonho pertencem a você. Você pode modificá-lo como quiser e se beneficiará diretamente da energia que vai liberar nesse processo. É sempre mais fácil fazer a mudança num sonho *antes* de tentar uma transformação semelhante em sua vida consciente. Quando modificar o sonho, esteja certo de que mudanças semelhantes começarão a surgir em sua vida consciente.

Comece imaginando diferentes finais para o sonho, particularmente se ele for parte de um padrão ou série que apareça muitas vezes durante um determinado período. Reescrever a história do seu sonho não é só uma fantasia. Se brincar com soluções alternativas, você estará usando o que se costuma chamar de "pensamento lateral" — uma manipulação criativa e divertida das imagens geradas pelos níveis mais profundos da sua consciência para resolver questões e limitações que poderiam durar a vida inteira.

Ao descobrir uma solução realmente satisfatória para um velho problema sonhado, reveja o novo plano quando estiver pegando no sono. Se, como eu, você viaja constantemente, suportando as confusões dos horários apertados demais e perdendo malas, talvez seja tempo de começar a voar em seu próprio avião! Em sua imaginação, declare que seu vôo só sairá quando *você* estiver pronto, com bagagem e tudo, e nem um minuto antes. Você terá tempo até mesmo de voltar para pegar a mala vermelha que caiu do porta-malas na correria de ir para o aeroporto.

Comece revendo o sonho em uma de suas formas conhecidas, mas depois insira um novo final. Quando for dormir, não espere que o sonho reapareça com modificações surpreendentes, mas agora você está preparado para resolvê-lo com novas soluções ou com uma alternativa criativa — e esteja certo de que irá acordar com uma grande sensação de sucesso!

Voltando ao exemplo dos meus sonhos de viagem, resolvi fazer uma mudança consciente naquele sonho perturbador. Que mudanças eu gostaria de fazer nesse sonho? De que partes dele eu gostava? Escrevi: "Gostaria de ficar na estação até April embarcar no trem, para ter a certeza de que ela não perderia o barco. Gostei da outra parte do sonho, sabendo que roubar tempo dos estudos para conversar com Joan não seria nenhum problema. Senti que poderíamos reconstruir nossa amizade perdida."

Transforme os sonhos ruins em bons

Há vários anos trabalhei com uma mulher que relatava um clássico pesadelo recorrente. Nesse sonho, ela acordava e ouvia alguém entrando na casa. Ouvia todos os rangidos de praxe, além de passos pesados e lentos na direção do seu quarto. Paralisada de terror, não conseguia pedir socorro às outras moças que dormiam no quarto. Quando a porta se abria lentamente no sonho, ela acordava de verdade — para se ver na cama, tremendo de medo.

Ao começar a trabalhar com esse sonho, ela se viu num veleiro, vendo seu pesadelo recorrente na tela de uma televisão. No início, identificou-se com o filme de horror e ficou enormemente assustada. Depois, compreendendo que era apenas um programa de televisão, levantou-se e mudou o canal.

Por tantos anos o sonho havia aterrorizado minha cliente, que ela se apavorava com a idéia de que ele aparecesse outra vez. Era compreensível que tivesse dificuldade de percebê-lo como uma oportunidade — de antecipá-lo e de se preparar para modificá-lo. Fiquei muito contente quando ela reverteu esse padrão: ao ver o incidente numa tela de TV, ela estava se distanciando do medo e estava genuinamente preparada para "desligar a velha história".

Mas depois disso minha cliente teve vários sonhos, cada um mais assustador que o outro. Ela também tinha medo de que o sonho fosse precognitivo, avisando-a de coisas que iriam acontecer na vida consciente. O padrão do sonho se aperfeiçoava para incorporar esse medo e ela se via na cama, acordando no sonho, acreditando a cada vez que tudo estava realmente acontecendo.

Minha cliente praticava regularmente a visualização de diferentes finais para o sonho, repassando a nova história até estar satisfeita com a conclusão. Nas primeiras modificações, ela conseguia pedir socorro e a ajuda chegava. Numa variação antiga, era uma gatinha que vinha salvá-la — ou seja, ela era socorrida por um aspecto do eu que era feminino e carinhoso, mas independente e capaz de cuidar de si mesmo. Essa solução deixou claro que ela estava a caminho de liberar e transformar o sonho.

Resumi uma longa seqüência de sonhos nesses poucos exemplos. O processo aconteceu realmente num período de muitos meses e sofreu várias modificações em seu tema básico. No estágio final de transformação, o sonho de minha cliente voltou ao seu padrão de sempre. Dessa vez, quando a porta se abriu devagar, ela continuou dormindo para ver o que era tão assustador. Era um monstro peludo. Ela o examinou cuidadosamente e concluiu que ele levava uma vida feliz. Então ela se levantou da cama e o convidou para dançar uma valsa! O monstro peludo aceitou com satisfação e o sonho ruim se desfez.

O convite para dançar pareceu ser uma solução brilhante e fiquei muito impressionada com a corajosa luta interior da minha cliente com o monstro do sonho. Ela chegou a dizer que ele não dançava bem e pisou um bocado em seus pés.

O tema geral do sonho dessa cliente é, na verdade, muito comum. Nessa visão em particular, o monstro cabeludo era o vilão, mas outros clientes viram o homem da frigideira, o homem do cachorro-quente, o homem do balão, o maníaco homicida e o samurai da Ku-Klux-Klan. (O aspecto negativo do eu tem muitas faces!)

Etapa 8: Resuma o significado do sonho. Como ele se aplica à sua vida consciente?

Para ancorar e solidificar transformações bem-sucedidas, é útil responder à pergunta: "Como isso se aplica hoje à minha vida consciente?" A energia liberada na resolução do sonho pode provocar novas situações na vida consciente: talvez nasça um novo relacionamento ou você terá mais satisfações no trabalho. Pode resultar daí uma gravidez bem-sucedida ou o final de um casamento turbulento.

No sonho com Joan e minha filha April, fiz a mim mesma a mesma pergunta: "Como isso aplica à minha vida consciente? Tenho medo de estar gastando meu tempo com coisas importantes mas secundárias, negando a mim mesma o tempo para tratar do que tem valor mais profundo para mim. Tenho medo de que esse padrão me faça perder o barco da realização."

A última coisa que fiz foi desenhar mais dois conjuntos de círculos em meu diário. Escrevi neles a constelação de traços opostos que observei nos dois personagens do meu sonho. O diagrama ficou assim:

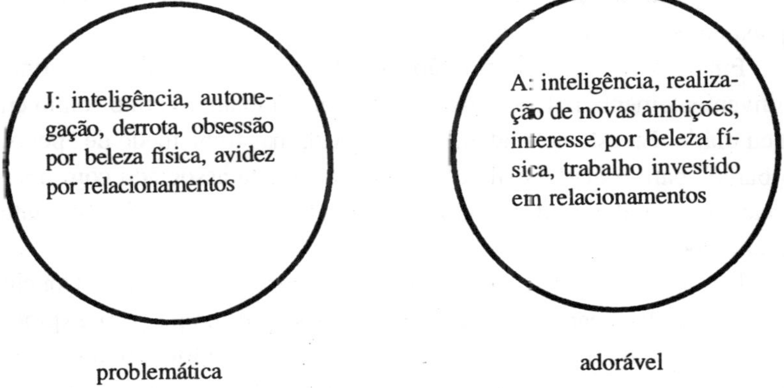

Essa etapa é uma extensão do processo costumeiro. Eu a usei para compreender melhor que partes de mim mesma estavam em questão no sonho. Rotulei uma das constelações de traços como "problemática" e a outra de "adorável".

Meus esforços para mudar esse sonho vieram acompanhados de uma série de sonhos novos, nos quais eu visitava e avaliava novos lugares para morar. Procurei Apartamento e Casa na lista de imagens e descobri a pergunta: "Que parte de mim mesmo eu ocupo?" e "Em que acredito ou o que temo em relação a mim mesmo?"

Como Joan estava freqüentemente comigo em meus sonhos, enquanto eu escolhia o apartamento ou a casa, concluí que me esquecia de alguma coisa nela que continuava a ser importante e com a qual eu trabalhava ativamente em mim mesma. Qual poderia ser o seu maior problema? A resposta veio imediatamente: Joan não amava nem aceitava a si mesma. Ela projetava para o mundo essa opinião, com um terrível efeito sobre seu relacionamento com os outros — incluindo os homens de sua vida, sua família e amigos como eu.

Concluí que, ao explorar novos lugares para morar com um aspecto de mim mesma que se autocondenava, estava dando atenção a uma parte do meu eu que ignorava e possivelmente negava. Ao compreender isso, a figura de Joan desapareceu dos meus sonhos. April continuou a fazer parte do meu elenco, geralmente aparecendo em sonhos nos quais eu examinava escolhas profissionais.

Finalmente, voltei à questão das atividades do sonho, que tinha convenientemente pulado quando comecei a trabalhar com o sonho em meu diário. Eu estava "nadando" com Joan, mas tinha medo de "perder o barco" para o qual April se dirigia. Nadar está associado com liberdade e com a alegria do movimento na água — a área do inconsciente e da emoção.

Um barco permite viagens rápidas e seguras sobre a água. Concluí que era relativamente fácil para mim dispor de tempo para explorar com alegria o inconsciente. Trabalhar com meus próprios sonhos e com os sonhos dos outros, por exemplo, é um grande prazer para mim! Aliás, é mais prazer que trabalho.

Mas eu estava preocupada com o fato de "perder" um meio de transporte mais convencional. Alguns dos meus medos de não ser bem-sucedida devem se refletir na minha relutância em me locomover por meios ortodoxos. Isso estava ligado à minha filha April, que decidiu conquistar um modo convencional de sucesso ao voltar para a faculdade. Garanti a mim mesma sempre poder pular do barco para um mergulho refrescante no mar dos sonhos!

História de um caso usando o processo de oito etapas

Para revisar o processo de oito etapas para a compreensão dos sonhos, gostaria de apresentar a história de um caso: um sonho vívido e significativo de um homem de negócios de quarenta e três anos que foi a um de meus cursos sobre Sonho Interativo, em Honolulu. Depois de investigar o sonho, ele sentiu que tinha conquistado uma grande vitória pessoal.

Vou iniciar com o relato verbal do sonho, da maneira que ele o apresentou no curso:

Estou na porta dos fundos da casa de meus pais, onde me criei. Olho pela janela mas vejo apenas o meu reflexo. Percebo que estou nu e com uma enorme ereção. Olho para mim para me certificar sobre a ereção, mas meu pênis não está absolutamente do tamanho do pênis refletido.

Volto a olhar pela janela, achando que é o tipo de vidro que faz meu pênis parecer tão grande.

Reproduzo, em seguida, o trabalho escrito na forma em que estava no diário desse homem, com pequenas mudanças editoriais. No diário, ele usou círculos para delinear o sonho.

1. Anote as imagens do seu sonho.

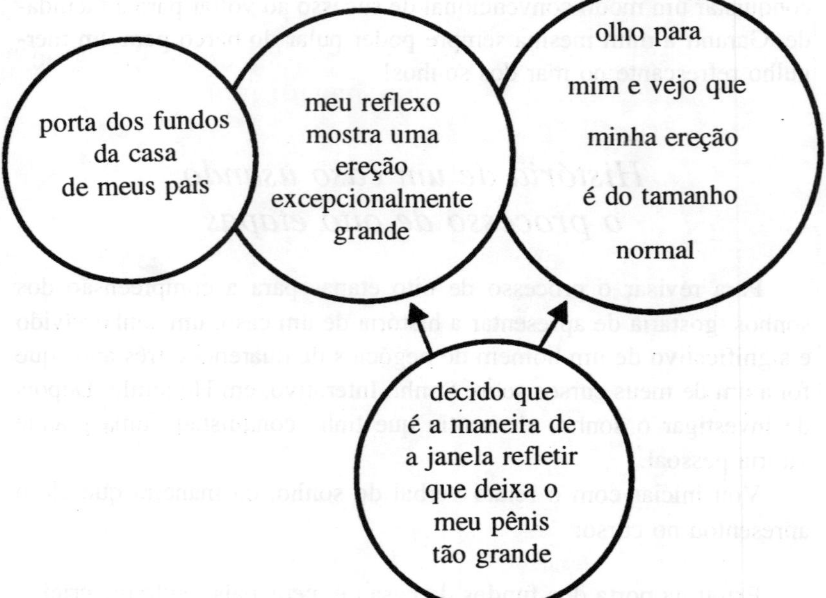

2. Que palavra ou frase expressa melhor o seu sentimento nesse sonho?

Estou interessado em parecer maior e mais imponente, como o efeito produzido pelo vidro da porta dos fundos.

3. Esse mesmo sentimento está presente na sua vida consciente?

Tenho um sentimento semelhante, na minha vida consciente, quando o mundo me vê como um homem de negócios de sucesso.

4. Quais eram as atividades significativas no seu sonho?

Eu estava me observando, e particularmente o "tamanho" dos meus atributos masculinos!

5. Faça uma lista dos personagens do seu sonho. Que parte de você cada personagem representa?

Só eu... representando eu mesmo.

6. Enumere os lugares, objetos, cores e acontecimentos significativos do sonho.

A casa de meus pais — As atitudes, crenças, medos e crenças dos pais, com os quais eu cresci e que ainda mantenho inconscientemente.

Minha ereção — Poder criativo. O que eu quero dizer? Quero que meus negócios tenham um "grande" sucesso. Quero me sentir bem-sucedido, como o mundo pensa que sou.

Nu — Em que partes de minha vida estou preparado para ser visto? Estou preparado para me ver como pessoa bem-sucedida.

Fundos — Inconsciente, "lá atrás", o que eu não posso ver. Não concordo conscientemente com meus pais, mas os medos e crenças ainda estão lá atrás.

A porta dos fundos leva para fora e tem uma janela que me deixa ver para onde ela leva. Vejo um reflexo como se fosse num espelho, que me faz perguntar: o que estou preparado para ver? Estou preparado para me ver como uma pessoa bem-sucedida, o que seria "sair" das crenças de meus pais sobre limitações e sucessos.

7. Você gostaria de fazer alguma mudança nesse sonho? Qual?

Gostaria de passar pela porta e participar da visão mais ampla que o mundo tem de mim.

8. Resuma o significado do sonho. Como ele se aplica à sua vida consciente?

Esse sonho é sobre as limitações das minhas crenças, particularmente das crenças inconscientes sobre o sucesso no mundo. Enquanto eu seguir o ponto de vista de meus pais, meu poder permanecerá relativamente modesto, mesmo que o reflexo de fora (ou seja, do mundo) seja muito maior.

Esse sonho não pareceu muito sexual, apesar de achar que as atitudes de meus pais sobre cautela — não se "expor", nunca se arriscar — também se aplicam à sexualidade.

Enquanto estiver na casa de meus pais (com idéias, ambições e crenças limitadas sobre poder pessoal), não vou possuir realmente o poder que o mundo exterior acha que me pertence.

Nesse sonho, o homem de negócios sentiu que tinha "descoberto" com sucesso sentimentos que estavam limitando sua *experiência* de sucesso profissional, apesar de os outros o verem como um homem bem-sucedido.

Algumas semanas depois, ele relatou outro sonho:

"Enquanto me preparava para fazer uma viagem que me levaria à morte, eu examinava alguns objetos queridos que queria deixar para os membros da minha família."

Ao trabalhar com esse sonho extremamente forte, ele concluiu que a parte dele que estava se preparando para "morrer" era o ego inflado que havia aceitado os medos dos pais. Deixando para as pessoas mais jovens da família os "tesouros" que tinha acumulado, ele esperava deixar uma visão mais ampla e segura do que a que tinha herdado. Depois de processar esse segundo sonho, ele acreditou que havia transformado com sucesso os velhos medos e reservas sobre sucesso que vinham sobrecarregando sua família há muitos anos, talvez há gerações.

Esse homem descobriu que participar ativamente da transformação de um sonho aumenta o sentimento de poder sobre os acontecimentos da vida consciente. Em vez de ser uma vítima das circunstâncias, você se torna um participante criativo — moldando as circunstâncias interiores e exteriores para que se tornem adequadas aos seus desejos mais profundos.

Parte Dois

Um Índice de Imagens Básicas de Sonhos

Comentários

Todos os itens incluídos neste índice estão organizados alfabeticamente. Mas como muitas vezes é proveitoso ler as associações para itens relacionados, há várias categorias em que, para facilitar a consulta, agrupei imagens intimamente relacionadas em subtítulos. Essas categorias são:

Água
Animais domésticos
Animais selvagens
Casa
Cores
Elementos
Números
Partes do corpo
Roupas
Sexo
Veículos

Todos os itens dessas categorias também estão citados individualmente na ordem alfabética normal.

Por exemplo: se no seu sonho aparecer a imagem de uma torneira pingando, procure Água. Você encontrará o subtítulo *Goteira* junto com mais informações sobre os diferentes significados de água e emoção nos sonhos. Essas associações e perguntas adicionais o ajudarão a relacionar esse sonho com uma seqüência de sonhos muito maior.

Imagem	Associações	Pergunte a si mesmo
Abandono	Isolamento. Deixar para trás um eu antigo. Libertação do controle do eu antigo.	Qual é a parte do meu eu que estou disposto a deixar para trás?
Abelha	Atividade. Produtividade. Vida social.	Onde, na minha vida, há atividade?
Aberto	Oportunidade. Potencial.	Qual é a escolha que estou preparado para fazer?
Abismo	Muita profundidade. Profundidade. Infinito.	O que há nas minhas profundezas?
Abóbada	Realização de aspirações. Objetivos superiores.	Que direção está se abrindo à minha frente?
Aborígine (*ver também* Nativo)	Eu intuitivo. Identidade mágica. Sabedoria primordial.	Onde, na minha vida, estou procurando sintonizar as forças naturais?
Aborto	Perda do novo. Deficiência na alimentação.	Qual parte de mim eu sinto que é fraca demais para sobreviver?
Abraçar (*ver também* Sexo)	Proteção amorosa. Reconhecimento.	Qual a parte do meu eu que precisa de mais atenção?

Abuso	Violência induzida pelo medo.	Quais são os medos que escondo na minha raiva?
Abutre	Lixeiro.	De que maneira sou alimentado pela experiência do meu passado?
Acampamento (*ver também* Mochila)	Vida natural. Volta ao básico.	Tenho negado necessidades básicas? Estou com os pés bem firmados na terra?
Acelerar (*ver também* Veículos)	Trabalho com realização.	Do que vou sentir falta se eu não diminuir a velocidade?
Acidente	Mudança inesperada. Contratempo.	Onde estou evitando a mudança?
Acima	Eu superior. Maior compreensão ou conhecimento.	Quais são as minhas aspirações? O que eu quero saber?
Acordo	No caso de um bom acordo, harmonia ou compromisso. No de um mau acordo, comprometimento.	O que eu quero resolver? O que estou querendo estabelecer?
Açúcar	Doçura. Indulgência. Algumas vezes, prazer proibido.	Quais são os prazeres que nego a mim mesmo?
Adega (*ver* Porão)		

Imagem	Associações	Pergunte a si mesmo
Adoção (*ver também* Enjeitado; Órfão)	Trabalho ou produção criativa.	O que está nascendo em mim, contra todas as probabilidades?
Adolescente	Estágio vigoroso de desenvolvimento. Rápido crescimento. Imaturidade.	Qual é a parte do meu eu que está quase aparecendo? Onde na minha vida o meu crescimento é mais intenso?
Adubo químico	Dejeto fértil.	Qual é a riqueza que está soterrada no meu passado?
Adultério (*ver* Sexo extraconjugal; Sexo)		
Advogado	Advocacia. Solução de um conflito.	Em que parte da minha vida estou precisando de ajuda? Quais os problemas que estou disposto a resolver?
Aeróbica (*ver* Exercício)		
Aeroplano (*ver* Avião; Veículos)		

Afogamento	Afundar emocionalmente.	Em que áreas da minha vida estou preparado para me sentir mais seguro emocionalmente?
Afro-americano	Estar livre da repressão.	No que estou disposto a ser mais expressivo e criativo?
Afundar	Descida ao inconsciente.	De que maneira estou preparado para chegar ao fundo das coisas?
Água (*ver também* verbetes relacionados, por ordem alfabética; Elementos)	Emoção. Dissolver. Ceder. Fluido. Liberação. Limpeza.	O que eu estou sentindo?
— *À margem da água*	Sentimentos perigosos ou indignos de confiança.	Quais as emoções que eu considero ameaçadoras?
— *Baía*	Abrigo. Cercado.	Onde eu me sinto calmo?
— *Cachoeira*	Ser levado inexoravelmente pela correnteza. Pode ser fortemente ou assustadoramente liberadora.	Onde, na minha vida, eu estou preparado para mergulhar?
— *Capa de chuva*	Segurança e conforto no reino dos sentimentos.	Quais são as profundezas emocionais que eu quero explorar em segurança?

Imagem	Associações	Pergunte a si mesmo
— *Chuva*	Liberação de emoções, podendo ser suave e vivificante ou dramaticamente ameaçadora.	Quais sentimentos estão se derramando sobre mim?
— *Congelado*	Preservação. Limitação.	Quais os sentimentos rígidos que eu estou pronto para dissolver?
— *Corredeiras*	Emoções ativas e estimulantes.	Como eu me sinto com sentimentos muito fortes?
— *Correnteza* (*ver também* Água, Riacho)	O fluxo do sentimento.	Quais sentimentos fluem confortavelmente dentro de mim?
— *Derreter*	Deixar ir.	Quais as velhas estruturas que eu estou preparado para dissolver?
— *Enchente*	Extravasamento de emoções.	Quais os sentimentos que são excessivos para mim?
— *Fonte*	Emoção brotando. Liberdade de expressão emocional. Liberação.	Quais sentimentos estão vertendo em mim?
— *Gelo*	Um estado rígido de sentimento. Congelado.	Quais os sentimentos que estão trancados por dentro ou prestes a se derreterem?

— *Goteira*	Gotejamento de emoção.	O que eu estou liberando pouco a pouco?
— *Lago*	Emoção contida. Muitas vezes, sensação de tranqüilidade e de paz.	Quais os sentimentos que eu contenho com tranqüilidade?
— *Lama*	Sentimentos confusos. Fertilidade. Atoleiro.	Que emoções eu estou preparado para limpar?
— *Lamaçal*	Emoções pequenas mas confusas.	Quais os pequenos desconfortos que estou sentindo?
— *Mangueira*	Flexibilidade. Fluxo de emoção.	Será que comunico bem os meus sentimentos?
— *Mar* (*ver* Oceano; Água)		
— *Neblina*	Expansão delicada de sentimentos. Frio e confortável.	Qual o ambiente emocional que me cerca?
— *Oceano*	Sentimentos grandiosos, ilimitados. Algumas vezes, uma emoção avassaladora. Rico, com vida abundante.	Qual parte de mim tem relação com uma vastidão desse tipo?

Imagem	Associações	Pergunte a si mesmo
— *Olho-d'água*	Fonte. Começo.	Onde, na minha vida, eu estou dando uma nova expressão aos meus sentimentos?
— *Orvalho*	Liberação suave de emoção.	Quais sentimentos eu posso expressar com segurança?
— *Pântano* (*ver também* Água)	Sentimentos avassaladores.	Quais os velhos padrões emocionais que estão começando a mudar para mim?
— *Piscina* (*ver também* Água)	A água do sentimento contida pela ordem cultural. Segurança.	Qual sentimento eu desejo dominar com segurança?
— *Poço*	Fonte. Recursos compartilhados.	Que sentimentos eu estou preparado para compartilhar?
— *Porto*	Abrigo. Segurança.	Em que parte da minha vida eu encontro paz emocional?
— *Recife*	Perigo ou segurança de emoções ocultas.	O que existe sob os meus sentimentos?
— *Riacho*	O fluxo dos sentimentos.	Que sentimentos fluem confortavelmente dentro de mim?

— *Rio*	Fluente e ativo. Pode incluir corredeiras perigosas; pode ser suave e tranqüilo.	Que sentimentos estão se movendo ativamente dentro de mim?
— *Torneira*	Controle ou liberação de emoções.	Quais sentimentos que eu deixo correr e quais eu estanco?
— *Vagalhão* (*ver também* Água)	Emoção avassaladora.	Que sentimentos, na minha opinião, são ameaçadores?
Água-viva	Fraqueza moral. Agressão passiva.	Onde, na minha vida, estou pronto para me expressar com mais vigor?
Águia	Visão e poder de longo alcance.	O que devo compreender para ser poderoso?
Agulha	Furar.	Onde, na minha vida, estou preparado para ir direto ao assunto? Em que eu quero penetrar ou me iniciar?
AIDS (*ver também* Epidemia)	Desesperança. Autonegação ou culpa. Dependência.	Estarei disposto a parar de condenar a mim mesmo e aos outros?
Alameda	Recursos centrais. Comunidade. Consumo.	Quais as necessidades ou desejos que compartilho com outras pessoas?

Imagem	Associações	Pergunte a si mesmo
Alavanca	Comprar. Tomar conta.	O que quero manobrar?
Alça	Compreensão. Utilidade.	O que estou preparado para usar?
Álcool	Relaxamento. Indulgência. Estar livre de responsabilidades.	O que eu quero liberar?
Alegre (*ver* Alegria)		
Alegria	Contentamento. Bem-estar abundante.	O que aceitei incondicionalmente?
Aleijado (*ver também* Deficiente)	Deficiente. Limitação.	O que estou preparado para curar?
Alga marinha	Crescimento no interior da emoção. Pode ser nutritivo ou estrangulador.	O que está se desenvolvendo no mar dos meus sentimentos?
Alicerce (*ver também* Casa)	Princípios ou crenças básicas. Enraizamento.	O que estou pronto para tornar sólido ou seguro?
Alpendre	Interseção do eu com o mundo.	Onde, em minha vida, eu estou pronto para ser mais acessível?
Alpondras	Passagem segura. Movimento seguro.	Qual o método que me fará chegar aonde quero ir?

Altar	Santidade. Sacrifício.	O que eu adoro? Quero desistir de alguma coisa?
Amante	O eu interior idealizado. *Anima. Animus*.	Que parte do meu eu maior está pronta para ser integrada?
Amarelo (*ver também* Cores)	Vitalidade. Intelecto. Clareza.	O que desejo compreender?
À margem da água (*ver também* Água)	Sentimentos perigosos ou não confiáveis.	Quais as emoções que acho ameaçadoras?
Ambulância	Resgate. Resposta rápida.	Qual parte do meu eu quer se salvar ou ser salva?
Amendoim (*ver* Castanha)		
América do Sul ou Sul-americano	Espontaneidade. Volatilidade. Conquista.	Que conflito estou pronto para dominar?
América ou Americano	Vigor. Ingenuidade. O Novo Mundo. Inocência ou singeleza. Patriotismo.	O que estou explorando? Qual é o novo mundo que há diante de mim?
Amigo	Aspecto do eu pronto para a integração.	Qual parte do meu eu está sendo integrada?

Imagem	Associações	Pergunte a si mesmo
Anão	O poder do pequeno. Forças inconscientes. Magia.	O que estou trabalhando para transformar?
Ancestral	Traços herdados.	Quais qualidades quero preservar ou abandonar?
Âncora	Segurança. Estabilidade.	Onde, na minha vida, eu quero me prender com firmeza?
Anel	Penhor. Compromisso. Promessa.	Qual união eu busco?
Animais domésticos (*ver também* nomes dos Animais, por ordem alfabética)	O eu natural domesticado por valores civilizatórios.	Que parte do meu eu está disposta a ser domesticada? Ou que parte do meu eu desejaria ser menos domesticada?
— *Animal de brinquedo*	Relacionamento lúdico com o mundo natural. Estar livre de responsabilidades.	Onde eu quero ter mais prazer na minha vida?
— *Animal de estimação*	Trabalho com amor-próprio.	Com que partes de mim mesmo eu me preocupo?
— *Animal falante*	Comunicação mágica. Sabedoria natural.	Que parte da minha natureza tem uma mensagem para mim?

— *Asno*	Simplicidade. Vigor físico.	Onde, na minha vida, eu posso exprimir a minha força mais diretamente?
— *Bezerro*	Imaturidade. Inexperiência.	Que qualidades eu desejo desenvolver?
— *Bode*	Vigor sensual. Energia incansável. Onívoro.	O que eu estou determinado a fazer?
— *Boi*	Carga. Força. Insensibilidade.	Como eu duvido da minha própria força? O que faz com que eu me sinta um insensível?
— *Boto* (*ver* Delfim)		
— *Cachorro*	Normalmente, um aspecto masculino. Amor incondicional. Obediente, leal, confiável.	Sou confiável? O que eu amo incondicionalmente?
— *Camelo*	Navio do deserto. Paciência.	Quais os recursos emocionais de que disponho?
— *Cavalo* (*ver também* Veículos)	Rápido. Normalmente elegante. Sentimento de consciência desenvolvida. Algumas vezes sexualidade não-expressa.	Como me sinto em relação ao meu poder? Quais as forças naturais que eu estou suprimindo ou expressando?

Imagem	Associações	Pergunte a si mesmo
— *Cavalo alado*	Consciência em elevação. A natureza ilimitada do Eu superior.	Que parte de mim está pronta para se elevar?
— *Coelho*	Fertilidade. Sorte. Insegurança.	Em que parte da minha vida eu estou pronto para ser produtivo?
— *Ganso*	Tolo. Agressivo. Vigilante.	Sou tolo? Onde, em minha vida, minha agressão está pronta para irromper?
— *Gato*	Um aspecto feminino. Carinhoso e suave. Também independente e capaz de cuidar de si próprio.	Como estou integrando as partes submissa e independente da minha natureza? Como me sinto em relação a essas qualidades combinadas em uma mulher?
— *Hamster*	Dependência. Esperteza.	Qual parte do meu eu precisa ser cuidada?
— *Mula*	Obstinado. Intratável. Resistência.	Onde, na minha vida, estou preparado para perseverar?
— *Ovelha*	Conformismo.	O que eu estou seguindo?
— *Pombo*	Paz. Solução de conflito.	Quais problemas eu estou preparado para solucionar?

— *Porco*	Guloso. Esperto. Às vezes desmazelado, às vezes aborrecido.	Estou querendo mais do que preciso ou posso usar? Eu limpo a minha própria sujeira?
— *Porquinho-da-índia*	Fecundidade. Responsabilidade.	Com o que eu estou aprendendo a me preocupar?
— *Potro*	Potencial. Tolice. Charme.	Onde, na minha vida, eu estou começando a compreender meu potencial?
— *Vaca*	Dócil e produtiva. Aspecto que alimenta o ego, quando passivo.	Sou passivo? O que eu alimento?
Animais selvagens (*ver também* nomes dos Animais, por ordem alfabética)	Eu natural e indomado. Estar livre da civilização.	Que parte do meu eu busca a livre expressão?
— *Animal de zoológico*	Selvageria sob controle.	Quais instintos eu quero observar ou desfrutar em segurança?
— *Animal selvagem de brinquedo*	Relacionamento lúdico com o que é selvagem. Confiança.	Em quais áreas da minha vida eu estou preparado para confiar?
— *Baleia*	Poder do inconsciente. Verdade e força do ser interior.	Qual a grande verdade que eu estou preparado para aceitar?

Imagem	Associações	Pergunte a si mesmo
— *Camundongo*	Natureza humilde. Quieto. Problemas sem importância. Sentimentos íntimos. Timidez.	Quais são os pequenos problemas que estão corroendo a minha vida?
— *Cangambá*	Agressão passiva.	Em que parte da minha vida sinto a necessidade de me proteger?
— *Cervo*	Beleza delicada. Timidez.	Qual parte de mim busca proteção?
— *Chimpanzé*	Destreza. Travessura. Humor.	Que parte do meu eu é quase humana?
— *Cobra*	Energia. A serpente do poder da kundalini. Sexualidade.	Qual a energia que estou preparado para expressar ou compreender?
— *Coelho*	Fertilidade. Sorte. Insegurança.	Em que parte da minha vida eu estou pronto para ser produtivo?
— *Coiote*	Vigarista. Canalha. Ladrão.	Que aventuras eu procuro?
— *Crocodilo* (*ver* Jacaré)		
— *Delfim*	Inteligência natural. Sabedoria transcendente. Compaixão. Jovialidade.	Que parte do meu eu é divinamente sábia e jovial?

— *Dinossauro*	Fantasia. O poder do que é grande.	Qual parte do meu eu deseja ser maior?
— *Dragão*	Domínio sobre os elementos. Abundância. A matéria e o espírito combinados.	De que maneiras estou disposto a pôr em sintonia os aspectos físicos e espirituais da minha natureza?
— *Elefante*	Sabedoria. Memória. O poder da persistência.	Onde repousa a minha sabedoria?
— *Esquilo*	Acumulação. Refúgio.	Onde, na minha vida, eu estou disposto a me sentir mais seguro?
— *Foca*	Instinto cômico. Jovialidade.	Em que parte da minha vida eu estou procurando mais alegria?
— *Gambá*	Fingimento de morte.	O que me ameaça? Onde eu estou pronto para voltar à vida?
— *Girafa*	Visão de cima. Graça tímida.	Onde, na minha vida, eu estou pronto para ampliar a minha visão?
— *Gorila*	Força. Inocência. Raridade.	Em que áreas da minha vida eu estou pronto para ser forte e gentil?
— *Hipopótamo*	Força descomunal. Perigo oculto. Tamanho.	Como eu escondo o meu poder?

Imagem	Associações	Pergunte a si mesmo
— *Jacaré*	Medo primordial.	Que medos elementares eu estou sentindo?
— *Lagarto*	Sangue frio. Deprezível.	Onde, na minha vida, estou pronto para mostrar mais calor?
— *Larva* (*ver* Verme)		
— *Leão*	Nobreza. Força. Orgulho.	Onde a coragem habita em mim?
— *Leão-marinho* (*ver* Morsa)		
— *Lobo*	Instinto. Apetite. Ameaça. Lealdade.	Quais instintos constituem uma ameaça para mim? Quais são as minhas lealdades instintivas?
— *Macaco*	Destreza. Travessura. Humor.	Qual a parte do meu eu que é quase humana?
— *Morcego*	Noturno. Assustador. Agudamente sensível.	Qual é a escuridão em que estou disposto a navegar ou explorar?
— *Morsa*	Sensitividade bruta.	Onde, na minha vida, eu estou disposto a ser menos ameaçador?

— *Pantera*	Beleza selvagem. Graça.	Qual é a força que eu desejo — ou temo — libertar?
— *Polvo*	Tímido. Avaro.	A que eu preciso me agarrar?
— *Rã*	Transformação.	Que beleza existe dentro de mim?
— *Raposa*	Inteligência. Esperteza.	Em que eu confio ou de que eu desconfio em mim mesmo?
— *Rato*	Malandro. Inteligente. Falso e indigno de confiança.	Em que parte da minha vida eu tenho medo de traição? Posso confiar em mim mesmo?
— *Rinoceronte*	Força cega. Couraça.	O que estou disposto a ver ou compreender sobre a minha força?
— *Sapo*	Feiura infecciosa.	Como e por que eu escondi a minha verdadeira beleza?
— *Tartaruga*	Proteção. Perseverança.	Em que parte da minha vida eu me sinto seguro quando faço as coisas no meu ritmo?
— *Tatu*	Co-dependência.	Quais são os limites que eu quero ou preciso estabelecer?
— *Tigre*	Poder. Beleza selvagem. Força sexual.	O que é perigoso em mim?

Imagem	Associações	Pergunte a si mesmo
— *Urso*	Amor possessivo.	De que forma o amor me ameaça?
— *Yeti*	Homem-besta. Legendário.	Qual parte do meu eu maior está me espreitando?
Animal de brinquedo (*ver também* Animais domésticos)	Relacionamento lúdico com o mundo natural. Estar livre de responsabilidades.	Onde eu quero mais prazer em minha vida?
Animal de pelúcia (*ver* Animal de brinquedo)		
Animal de zoológico (*ver também* Animais selvagens)	Selvageria sob controle.	Quais instintos eu quero observar ou desfrutar em segurança?
Animal falante (*ver também* Animais domésticos)	Comunicação mágica. Sabedoria natural.	Que parte da minha natureza tem uma mensagem para mim?
Animal selvagem de brinquedo (*ver também* Animais selvagens)	Relacionamento lúdico com o que é selvagem. Confiança.	Em quais áreas da minha vida estou preparado para confiar?

Aniversário	Celebração de começo.	O que nasceu em mim?
Anjo	Conhecimento transcendente. Compaixão. Consciência superior. Revelação.	Qual inspiração estou disposto a receber?
Antigüidade	Idade. Valor de sobrevivência.	O que melhora em mim com a idade?
Antipático	Insignificante mas esperto.	Onde, na minha vida, estou preparado para ser tão atraente quanto sou esperto?
Ânus (*ver também* Partes do corpo)	Eliminação.	Do que eu quero me livrar?
Anzol (*ver também* Pescaria)	Fisgar. Capturar.	O que eu quero agarrar?
Aparelho de surdez	Trabalho com o fracasso em se comunicar.	O que estou me preparando para ouvir?
Apartamento (*ver também* Casa)	Uma parte da habitação total do eu.	Que parte de mim mesmo eu ocupo?

Imagem	Associações	Pergunte a si mesmo
Aplauso	Reconhecimento. Aclamação.	Onde estou preparado para reconhecer a mim mesmo ou para buscar reconhecimento?
Apunhalar	Medo de ser traído.	Onde, na minha vida, estou preparado para confiar mais?
Aquário	Microcosmo de emoção.	Quais sentimentos estou pronto a demonstrar ou a examinar?
Ar (*ver também* Elementos; Vento)	Respiração. Inteligência. Força mental.	Qual área da minha vida exige estimulação?
Aranha	A força feminina escura. Fiandeira de teias. Paciência. Organização.	Será que eu temo ou será que eu admiro essas qualidades em mim mesmo?
Arco-íris	Promessa. Bênção visível.	O que me encoraja? Onde espero encontrar felicidade?
Areia	Aridez. Imensurabilidade.	O que é eterno em mim? O que impede o meu crescimento?
Areia movediça	Insegurança. Instabilidade.	Onde, na minha vida, quero alicerces mais fortes?

Argila	Matéria receptiva.	O que estou pronto para moldar ou dar forma?
Arma	Trabalho com expressão de energia. Ataque e defesa. Agressão.	Onde em minha vida estou preparado para ser mais aberto e receptivo?
Arma de fogo	Violência. Agressão. Ameaça.	O que me ameaça? Em que parte da minha vida quero proteção?
Armário (*ver também* Escola)	Armazenamento. Guardar em segurança.	O que armazenei? De que estou preparado para me lembrar?
Armário de cozinha (*ver também* Guarda-louça)	Armazenamento.	O que eu quero manter em segurança?
Armazém	Armazenamento de recursos.	O que estou preparado para pôr de lado ou para desempacotar?
Aromático	Sabor. Intensidade.	Onde, na minha vida, busco mais estímulo? O que eleva a minha experiência?
Arqueologia	Redescoberta do passado.	Que conhecimentos antigos quero recuperar?
Arquiteto	Trabalho com projeto de um novo eu ou de uma nova identidade.	Quais os planos que estou arquitetando?

Imagem	Associações	Pergunte a si mesmo
Arquivo	Registros. Organização.	O que eu quero manter em ordem?
Arranha-céu	Aspirações elevadas. Objetivos mundanos.	O que desejo realizar? Que alturas estou pronto a escalar?
Arte	Imagem de realidade. Valor. Criatividade.	Como eu me expresso? O que eu valho?
Artelhos (*ver também* Partes do corpo)	Início, especialmente de movimento.	Estou me preparando para ir aonde?
Artes marciais	Força ou poder disciplinados.	Como estou aperfeiçoando as minhas forças?
Ártico (*ver também* Gelo; Congelado; Norte; Neve)	Pureza. Isolamento. Sentimentos congelados.	O que está congelando ou se derretendo dentro de mim?
Artista	Trabalho com criatividade e originalidade.	Qual parte do meu eu está pronta para se expressar? Onde eu sou único?
Árvore (*ver também* Madeira)	Processo natural. Estrutura de vida.	Onde, na minha vida, estou preparado para crescer?

Asa	Vôo. Liberdade. Transcendência.	Acima do que estou pronto para me elevar?
Ásia ou Asiático	Sabedoria. Sutileza. Impenetrabilidade.	Onde repousa a minha sabedoria? O que retenho para mim mesmo?
Asma	Perda da segurança emocional.	Estou me preparando para me preocupar com que parte do meu eu?
Asno (*ver também* Animais domésticos)	Simplicidade. Vigor físico.	Onde, na minha vida, posso exprimir minha força mais diretamente?
Aspirador de pó	Limpeza. Ordem.	Do que eu quero me livrar? O que estou limpando?
Assalto (*ver* Roubo)		
Assassinato	Consumação violenta.	O que estou disposto a terminar, não importa o que eu tenha de fazer para conseguir?
Assassinos	Formas vis de poder. Mau uso de energia.	Onde, na minha vida, eu estou preparado para limpar a minha atuação? De que maneira sinto o poder como algo ameaçador?

Imagem	Associações	Pergunte a si mesmo
Assoalho (*ver também* Casa)	Alicerce. Elementos básicos.	Onde, na minha vida, quero criar estabilidade?
Astro de cinema	Encanto. Reconhecimento. Fama.	Que parte do meu eu está preparada para ficar sob os refletores?
Astrologia (*ver* Zodíaco)		
Astuto	Insignificante mas esperto. Ausência de charme.	Onde, na minha vida, estou preparado para ser tão atraente quanto sou esperto?
Atadura	Proteção. Desejo de cura.	Que parte do meu eu está pronta para ser curada ou ser tratada?
Atalho	Aproximação indireta.	Onde, na minha vida, eu desejo ser mais franco?
Ataque cardíaco	Perda de amor ou de segurança.	Onde, na minha vida, preciso dar e receber mais amor?
Ataques	Agitação extrema. Movimento espasmódico.	Onde, na minha vida, temo ou busco um controle?

Ataúde	Recipiente do fim.	O que estou pronto para enterrar?
Atleta	Trabalho com energia física. Força. Capacidade. Honra.	Que capacidades quero desenvolver? Por quais capacidades quero ser reconhecido?
Atracadouro	Desembarque seguro.	Através de que sentimentos naveguei com segurança?
Atrevimento (*ver* Voyeurismo)		
Átrio (*ver* também Casa)	Interseção do eu com o mundo.	Onde, na minha vida, estou pronto para ser mais acessível?
Aurora	Começo. Compreensão.	O que é começo?
Autodefesa	Trabalho com a raiva.	Qual força interior eu estou buscando?
Auto-estrada	Viagem. Caminho para a liberdade. Movimento.	Onde, na minha vida, estou livre para me mover?
Auto-imolação	Dor intensa.	O que devo destruir para me sentir vivo?
Avalanche	Liberação catastrófica de emoção não-expressa.	Quais são as velhas emoções que inevitavelmente estão prestes a irromper?

Imagem	Associações	Pergunte a si mesmo
Avenida	Direção. Caminho da vida.	Para onde estou indo?
Avental (*ver também* Roupas)	Comum. Vigor. Proteção.	O que eu estou encobrindo? Qual trabalho é pesado demais para mim?
Avestruz	Negação. Enraizado.	Com o que estou preparado para lidar? Que liberdade eu busco?
Avião (*ver também* Veículos)	Movimento rápido através de grande distância.	Será que estou com pressa de mudar?
Avô ou Avó	Autoridade suave. Bondade.	Onde, na minha vida, busco apoio?
Azul (*ver também* Cores)	Harmonia. Espiritualidade. Paz interior. Devoção.	Qual é a fonte da minha paz?
Azul-turquesa (*ver também* Cores)	Cura. Boa sorte. Proteção.	Onde, na minha vida, eu me sinto seguro?
Babá	Trabalho com a criança interior.	Como estou me preparando para cuidar da criança que há dentro de mim?

Bagagem	Opiniões. Atitudes. Bens e responsabilidades materiais.	O que estou carregando comigo? Como me sinto em relação à minha carga?
Baía (*ver também* Porto; Abrigo; Água)	Abrigo. Cercado.	Onde me sinto calmo?
Baile de máscaras (*ver* Disfarce)		
Balão	Leveza de espírito. Alegria.	O que faz o meu espírito se elevar?
Balé (*ver também* Dança)	Graça disciplinada. Cultura.	Onde, na minha vida, minha força está tomando forma? Como eu desejo expressá-la?
Baleia (*ver também* Animais selvagens)	Poder do inconsciente. Verdade e força do ser interior.	Qual é a grande verdade que estou preparado para aceitar?
Bambu	Versatilidade. Crescimento exuberante. Força. Flexibilidade.	Onde, na minha vida, estou pronto para prosperar? Quais limites ultrapassei?
Banco	Preservação de recursos.	O que eu quero economizar ou manter em segurança?

Imagem	Associações	Pergunte a si mesmo
Bandeira	Patriotismo. Identificação.	A que eu sou leal?
Banheiro (*ver também* Casa)	Lugar de limpeza e liberação.	O que estou preparado para deixar que se vá?
Banho ou Tomar banho	Limpeza. Liberação.	O que eu quero lavar do meu eu?
Banquete	Celebração formal. Reconhecimento.	De qual reconhecimento eu preciso para me sentir revigorado?
Bar (*ver também* Taverna)	Relaxamento. Indulgência. Irresponsabilidade. Prazer.	Em que parte da minha vida eu me sinto sobrecarregado ou tenso?
Barba	Autoridade. Poder. Sabedoria.	Como eu expresso o poder? Como minha autoridade se evidencia?
Barco (*ver também* Veículos)	Movimento através das profundezas do sentimento.	Quais emoções eu posso governar com segurança?
Barril	Conteúdo. Capacidade.	O que estou acumulando? Quanto posso conter?
Basquetebol (*ver* Jogo de bola; Esportes)		

Bastão	Ferramenta ou arma natural. Potencial.	Do que eu quero fazer uso?
Batalha (*ver também* Guerra)	Conflito. Luta.	Quais as partes do meu eu que estão em guerra?
Beatnik	Rejeição de valores sociais. Isolamento.	De que maneiras estou querendo ficar sozinho?
Bêbado	Insensibilidade total.	Em que parte da minha vida eu temo — ou desejo — perder o controle?
Bebê (*ver também* Bebê cianótico)	Eu infantil. Renascimento. Confiança.	O que está nascendo ou renascendo em mim? Em que confio?
Bebê cianótico (*ver também* Bebê)	Fraqueza de confiança. Ameaça à inocência.	O que é frágil em relação às minhas crenças e em relação à minha fé?
Beco	Passagem da vida. Um caminho estreito ou secreto.	Quais são as escolhas que estou disposto a tornar públicas?
Bege (*ver também* Cores)	Neutralidade. Desapego. Ausência de comunicação. *Status*.	O que estou disposto a tratar com mais seriedade? Estou preparado para ser mais sério em relação a quê?

Imagem	Associações	Pergunte a si mesmo
Beijar (*ver também* Sexo)	Intimidade. Afeto. Saudação.	Com o que ou com quem desejo proximidade?
Beisebol (*ver* Jogo de bola; Esportes)		
Bengala (*ver também* Aleijado; Muletas; Deficiente)	Limitação. Restrição.	O que inibe a minha liberdade de movimentos?
Bestialidade (*ver também* Sexo)	União com paixões ou instintos animais.	Quais os aspectos básicos do meu eu que eu temo ou nego?
Bezerro (*ver também* Animais domésticos)	Imaturidade. Inexperiência.	Quais são as qualidades que eu desejo desenvolver?
Biblioteca	Conhecimento. Registros. Pesquisa. O passado.	O que o passado tem a me dizer?
Bicicleta (*ver também* Veículos)	Autopropulsão. Recreação.	Tenho força bastante para fazê-lo? Vai ser divertido?
Bife (*ver* Carne)		

Bilhete de entrada	Meio de admissão.	Para qual nova experiência ou destino estou me dirigindo?
Biquíni (*ver também* Roupas, Roupa de banho)	Exposição. Demonstração. Revelação.	O que estou disposto a deixar nu?
Blusa (*ver também* Roupas)	Eu superior, oposto ao Eu inferior. Emoções.	Quais sentimentos eu considero apropriados?
Boca (*ver também* Partes do corpo)	Alimentação. Novas atitudes.	O que estou pronto para absorver? O que estou preparado para exprimir?
Bode (*ver também* Animais domésticos)	Vigor sensual. Energia incansável. Onívoro.	O que estou determinado a fazer?
Boi (*ver também* Animais domésticos)	Carga. Força. Estupidez.	Como eu duvido da minha própria força? O que faz com que eu me sinta um estúpido?
Boina (*ver também* Roupas)	Crenças protegidas ou fora de moda.	Onde ou como a minha visão é limitada?
Bola	Integração. Totalidade.	Quais as partes do meu ser que eu estou unindo?

Imagem	Associações	Pergunte a si mesmo
Bolha	Esvoaçante. Libertação. Expectativas irreais.	Em qual parte da minha vida estou pronto para me elevar? Tenho medo de que minhas expectativas não se realizem?
Bolo	Celebração. Às vezes, banquete; às vezes, tolerância.	Mereço algum banquete? Posso ser tolerante comigo mesmo?
Bolota (*ver* Semente)		
Bolsa (*ver também* Roupas)	Individualidade feminina. Às vezes, identidade sexual. Segurança.	A que estou me agarrando? Quais as partes do meu eu que eu costumo valorizar?
Bomba	Energia explosiva.	O que eu estou pronto para explodir?
Bomba atômica	Destruição em grande escala.	O que eu estou preparado para terminar? Está terminando aquilo de que tenho medo?
Bomba nuclear (*ver* Bomba atômica)		

Bombeiro	Aspecto masculino e protetor da individualidade.	Qual parte do meu eu precisa ser resgatada? O que eu quero resgatar?
Boné (*ver também* Roupas)	Informal. Opiniões liberais.	Em qual parte da minha vida quero ser mais tolerante?
Boneca	Prática de relacionamento.	Em quais áreas da minha vida estou preparado para ser mais atencioso?
Borboleta	Beleza. Liberdade. Transformação.	Em que eu estou pronto para me transformar?
Botão (*ver* Flor)		
Botas (*ver também* Roupas)	Poder de movimento. Vigor.	Qual é a forma de poder que eu procuro?
Boto (*ver* Delfim)		
Boxeador	Trabalho com poder ou confronto.	Quais regras devo seguir para ficar à vontade ao expressar o meu poder?
Bracelete (*ver também* Pedras preciosas)	Obrigação. Compromisso.	O que eu quero demonstrar?

Imagem	Associações	Pergunte a si mesmo
Braço (*ver também* Partes do corpo)	Força. Estar preparado.	Para o que estou preparado ou para o que estou me preparando? O que eu estou preparado para dar e receber?
Branco (*ver também* Cores)	Pureza. Clareza. Frieza.	O que eu procuro purificar?
Brincar	Despreocupação. Alegria.	Onde, na minha vida, quero mais divertimento?
Brinquedos	Brincadeira juvenil. Treinar para as responsabilidades da vida.	De que maneira estou pronto para desfrutar mais da minha vida?
Bronzeado (*ver também* Cores)	Convenção. Trabalho duro. Propriedade.	De que maneiras busco ou evito a respeitabilidade?
Brotoejas	Irritações. Raiva incidental.	Como a cautela me restringe? Será que sou impetuoso demais?
Brotos	Pequeno crescimento.	Onde, na minha vida, estou crescendo?
Bruxa	Feminino negativo. Magia negra. Se positivo, intuição e sabedoria natural.	Qual o poder feminino que eu tenho? De qual poder feminino tenho medo?

Burro (*ver* Asno; Mula)		
Buscar (*ver também* Procurar)	Aventura. Procura da alma.	Qual parte do meu eu tem a resposta?
Bútio (*ver* Abutre)		
Cabana (*ver também* Casa)	Casa confortável e familiar da individualidade.	Qual parte de mim quer sentir-se abrigada?
Cabeça (*ver também* Partes do corpo)	Intelecto. Compreensão. Superior.	O que eu estou preparado para compreender?
Cabeleireira ou Cabeleireiro	Trabalho com auto-imagem e auto-estima.	A respeito do que eu estou preparado para me sentir melhor?
Cabelo (*ver também* Partes do corpo)	Proteção. Atração. Sensualidade.	O que estou encobrindo? O que eu demonstro?
Cabine (*ver* Cabana)		

Imagem	Associações	Pergunte a si mesmo
Caça	Perseguição. Procura. Busca.	Onde, na minha vida, eu nego o meu próprio poder? O que estou preparado para agarrar?
Cachoeira (*ver também* Água)	Ser inexoravelmente levado pela correnteza. Pode ser liberadora, de uma maneira poderosa ou assustadora.	Onde, na minha vida, estou preparado para mergulhar?
Cachorro (*ver também* Animais domésticos)	Normalmente um aspecto masculino. Amor incondicional. Obediente, leal, confiável.	Sou confiável? O que eu amo incondicionalmente?
Cadeia (*ver* Prisão)		
Cadeira	Posição, estilo ou atitude.	Com o que me sinto confortável?
Café	Estímulo. Às vezes, superexcitação. Comunicação.	O que me ativa? Onde, na minha vida, preciso diminuir a velocidade?
Cair	Inconsciente. Estar por baixo de.	De que quero estar consciente? O que está por baixo das minhas crenças?

Caixa de areia	Construção divertida.	Quais as formas novas que estou levando a sério demais?
Calçada	Trilha da vida.	Como estou evitando o fluxo principal da minha vida? Onde, na minha vida, quero fazer as coisas no meu ritmo?
Calças (*ver* Roupas, Saia ou Calças)		
Calcinhas (*ver também* Roupas; Roupa de baixo)	A pessoa na sua privacidade. Identidade sexual.	Quais são os meus sentimentos ocultos? O que estou preparado para mostrar?
Calhau	Barreira. Bloco de edifícios.	O que bloqueia o meu caminho? Como posso usar o material que bloqueou o meu caminho?
Cálice	Totalidade interior. Eu espiritual.	Qual é a sede espiritual que estou pronto para saciar?
Calmaria	Tranqüilidade. Calma.	O que faz com que eu me sinta concentrado?
Calor	Emoção intensa. Tensão.	Onde preciso ficar frio?

Imagem	Associações	Pergunte a si mesmo
Calvo (*ver também* Cabelo)	Problemas sexuais. Sabedoria.	Do que eu quero desistir? O que eu tenho medo de perder?
Cama	Sono. Descanso. Retirar-se da atividade. Origem, fundação.	Do que eu quero me retirar? Do que eu quero descansar?
Camarão	Insignificante. De pequeno valor.	Onde, na minha vida, estou pronto para me sentir mais merecedor?
Camelo (*ver também* Animais domésticos)	Navio do deserto. Paciência.	Quais os recursos emocionais que estou conservando?
Câmera	Imagem da experiência. Registro. Algumas vezes, um meio de se distanciar.	O que isto parece ser para mim? Quero ser envolvido?
Caminhão (*ver também* Veículos)	Capacidade de transportar a carga.	Será que eu dou conta desta responsabilidade?
Caminhão fechado (*ver também* Veículos)	Poder prático. Conveniência.	Como compartilho o meu poder? Quanto ou quantas pessoas posso transportar?

Caminhar	Movimento natural. Exercício.	Para onde estou indo? Estou caminhando com velocidade suficiente?
Caminho	Direção da vida.	O que sinto em relação ao itinerário que escolhi?
Camisa (*ver também* Roupas)	Eu superior, em oposição ao Eu inferior. Emoções.	Quais sentimentos considero apropriados?
Camisola (*ver* Roupas, Vestido; Noite)		
Campo	Extensão. Área de atividade.	O que estou preparado para cultivar em mim mesmo?
Campo de concentração	Medo e ódio de diferenças.	O que é único em mim? O que compartilho com os outros?
Camundongo (*ver também* Animais selvagens)	Natureza humilde. Quieto. Problemas sem importância. Sentimentos íntimos. Timidez.	Quais são os pequenos problemas que estão corroendo a minha vida?
Canalização	Mediunidade. Comunicação com reinos superiores.	Qual parte do meu Eu superior está pronta para falar?

Imagem	Associações	Pergunte a si mesmo
Câncer	Crescimento destrutivo.	Qual é a parte de mim que está fora de controle?
Candelabro	Esplendor de iluminação.	O que é a minha grande visão?
Cangambá (*ver também* Animais selvagens)	Agressão passiva.	Em que parte da minha vida sinto a necessidade de me proteger?
Canibal	Parte do eu sacrificado ao resto. Medo de integração.	Qual é a parte de mim que está se consumindo?
Cantar	Celebração alegre. Louvor. Comunicação de sentimento.	O que eu quero celebrar ou comunicar?
Canto	Sem escapatória. Oculto. Inevitável.	Aonde as minhas escolhas estão me conduzindo?
Capa (*ver também* Roupas)	Proteção dramática. Fantasia.	Que papel estou representando?
Capa de chuva (*ver também* Água)	Segurança e conforto no reino dos sentimentos.	Quais são as profundezas emocionais que eu quero explorar em segurança?

Capacete (*ver também* Roupas, Chapéu)	Opiniões e atitudes protegidas.	Quais são os pensamentos ou opiniões que estou pronto para modificar?
Capote (*ver também* Roupas)	Proteção. Cobertura.	O que estou encobrindo?
Caranguejo	Carne macia, casca dura.	Sou sensível demais?
Carga	Obstáculo. Carga.	O que estou preparado para pôr no chão? Onde, na minha vida, quero diminuir o peso?
Carnaval	Diversão desinibida. Estar livre de restrições.	Em que parte da minha vida quero ser mais solto?
Carne	Alimento essencial. Às vezes, necessidade de sobreviver.	O que devo fazer para sobreviver? Quais os casos em que estou preparado para confiar?
Caronista	Liberdade. Irresponsabilidade.	Qual parte de mim quer viajar de graça?
Carpete	Proteção. Isolamento. Às vezes, luxo ou riqueza.	Onde, na minha vida, estou pronto a me expandir para além das minhas necessidades básicas?

Imagem	Associações	Pergunte a si mesmo
Carro (*ver também* Veículos)	Poder pessoal. Ego.	Posso chegar lá? Quem sou eu?
Carro para simples recreação (*ver também* Veículos)	A alegria do poder. Diversão rude.	Onde, na minha vida, estou pronto para desfrutar da expressão do poder?
Carrossel	Diversão inocente. Repetição idiota.	Quais são os prazeres simples que me satisfazem? Será que me sinto preso pelas circunstâncias?
Cartão de crédito	Compre agora, pague depois. Acesso imediato a determinados recursos. Proteção.	O que eu valho?
Cartas	Habilidade e sorte.	Que jogo estou jogando?
Carteira de dinheiro (*ver também* Roupas)	Segurança masculina. Recursos. Identidade.	Quais sentimentos sobre segurança estou pronto a modificar?
Carteiro	Trabalho com comunicação.	O que eu quero ouvir ou dizer?
Carvão	Matéria não-refinada. Fonte de calor. Diamantes em potencial.	Qual é o potencial que existe dentro de mim?

Casa (*ver também* verbetes relacionados por ordem alfabética)	Ser. A morada do eu.	Em que acredito ou o que temo em relação a mim mesmo?
— *Alicerce*	Princípios ou crenças básicas. Enraizamento.	O que eu estou pronto para tornar sólido ou seguro?
— *Apartamento*	Uma parte da habitação total do eu.	Que parte de mim mesmo eu ocupo?
— *Assoalho*	Alicerce. Elementos básicos.	Onde, na minha vida, eu quero criar estabilidade?
— *Átrio*	Interseção do eu com o mundo.	Onde, na minha vida, eu estou pronto para ser mais acessível?
— *Banheiro*	Lugar de limpeza e liberação.	O que eu estou preparado para deixar que se vá?
— *Cabana*	Casa confortável e familiar da individualidade.	Qual parte de mim quer se sentir abrigada?
— *Casa mal-assombrada*	Medos na infância. Proibição. Limitação do passado.	Qual parte do meu passado eu estou preparado para purificar ou exorcizar?

Imagem	Associações	Pergunte a si mesmo
— *Castelo*	Individualidade fortificada, mas nobre.	Quais as paredes que eu estou disposto a remover?
— *Choupana*	Necessidades básicas ou primordiais. Retirada. Humildade.	Onde, na minha vida, eu estou preparado para ser humilde?
— *Cozinha*	Alimento. Produtividade.	O que está cozinhando?
— *Escadas*	Subida. Ir mais alto. Aspiração. Descida. Enraizamento.	Para que eu quero subir ou descer?
— *Garagem*	Armazenamento. Proteção.	Como eu cuido do meu poder?
— *Janela*	Visão. Ver e ser visto.	O que eu estou querendo ver? O que eu quero revelar ou esconder?
— *Lar*	Centro do ser. Eu espiritual.	Onde reside o meu espírito?
— *Lareira*	Fonte de energia, calor, centro espiritual do eu.	O que é fundamental para mim? O que me aquece?
— *Mansão*	Residência expansiva do eu.	Qual parte do meu eu precisa de mais espaço?

— *Mobília*	Identidade. Atitudes. Crenças.	Como está mobiliada a casa do meu eu?
— *Palácio*	Reino potencial do eu.	Como eu posso realizar o meu potencial?
— *Parede*	Barreira. Defesa. Divisão.	O que eu estou pronto para integrar? Qual separação me é necessária?
— *Porão*	Embaixo. O inconsciente.	Que parte do meu inconsciente está pronta para ser vista?
— *Porta*	Acesso. Movimento de uma área para outra.	Em que espaço eu estou pronto para entrar? Que espaço estou preparado para manter só para mim?
— *Quarto de dormir*	Privacidade. Descanso. Intimidade.	Qual é a minha realidade interior?
— *Sala de estar*	Espaço central da casa do eu.	O que é central no meu ser?
— *Sala de jantar*	O ritual de comer. Formalidade.	De que sustento eu preciso?
— *Sem-casa*	Privação espiritual. Ausência de estabilidade e segurança.	Que nova estrutura eu estou buscando?

Imagem	Associações	Pergunte a si mesmo
— *Sótão*	Consciência superior. Memória. Acumulação de passado.	O que há "lá em cima" que eu desejo — ou temo — explorar?
— *Telhado*	Acima. Proteção. Cobertura.	Onde, na minha vida, eu estou disposto a me expandir além das minhas limitações?
— *Teto*	Limites superiores.	Em que parte da minha vida estou pronto para elevar os meus limites?
— *Vestíbulo*	Acesso. Privacidade.	As várias partes do meu eu estão bem interligadas?
— *Vigas*	Apoio protetor.	O que apóia a minha consciência superior?
Casa mal-assombrada (*ver também* Casa)	Medos de infância. Proibição. Limitação do passado.	Qual parte do meu passado estou preparado para purificar ou exorcizar?
Casaco (*ver também* Roupas)	Proteção. Cobertura.	O que estou encobrindo?
Casamento	União. Compromisso.	Com o que estou preparado para me unir ou me comprometer?

Casca de árvore (*ver também* Pele; Árvore)	Cobertura externa. Proteção.	Como posso encontrar o equilíbrio entre a supersensibilidade e a insensibilidade?
Cascalho (*ver* Seixos)		
Caso amoroso (*ver também* Sexo)	Entrega. Ardor.	A que eu quero me entregar?
Castanha	Essência. Cerne. Riqueza.	O que é essencial para a minha alimentação?
Castelo (*ver também* Casa)	Individualidade fortificada, mas nobre.	Quais os obstáculos que estou disposto a remover?
Castração (*ver também* Eunuco)	Negação da sexualidade. Limitação do poder criador.	O que é ameaçador relativamente à minha criatividade ou à minha sexualidade?
Casulo	Desenvolvimento protegido. Segurança.	Qual parte de mim precisa de proteção para crescer?
Catálogo	Oportunidade. Opções. Conveniência.	O que posso conseguir com facilidade?

Imagem	Associações	Pergunte a si mesmo
Cavalo (*ver também* Animais domésticos; Veículos)	Rápido. Normalmente elegante. Sentimento de consciência desenvolvida. Algumas vezes, sexualidade não-expressada.	Como me sinto em relação ao meu poder? Quais as forças naturais que estou suprimindo ou expressando?
Cavalo, voador ou alado (*ver também* Animais domésticos)	Consciência em elevação. A natureza ilimitada do Eu superior.	Qual é a parte de mim que está pronta para se elevar?
Caverna	Questões interiores ou ocultas. Sexualidade feminina. O passado.	O que está dentro de mim e que desejo explorar?
Cego	O que não vê. Inconsciente de.	O que estou pronto para ver ou compreender?
Celebridade	Reconhecimento. Fama. Às vezes, notoriedade.	Qual parte de mim quer ser reconhecida? Será que temo o reconhecimento?
Celeiro	Acúmulo. Lar da natureza animal.	Qual parte de mim precisa sentir-se cuidada ou segura?
Cemitério	Morte. Transformação.	O que acabou para mim?

Centauro (*ver também* Cavalo; Homem)	União das naturezas humana e animal, ou de instintos e consciência.	Onde, na minha vida, estou integrando sabedoria natural e intelecto? Qual é o aspecto da minha natureza sexual que estou curando?
Centopéia	Sentimentos, pensamentos e palavras venenosos.	Quais medos estão impedindo o meu progresso?
Centro	Ponto focal. Quintessência.	O que é a minha natureza mais profunda?
Cerâmica (*ver* Pratos)		
Cerca	Limite. Separação. O lugar onde as diferenças se encontram.	O que estou mantendo cercado, do lado de dentro ou do lado de fora?
Cercado (*ver também* Jardim; Grama)	Clausura. Espaço pessoal.	O que me cerca?
Cérebro (*ver também* Partes do corpo)	Intelecto. Mente. Razão.	O que eu estou pronto para compreender?
Cerimônia	Rito formal. Ritual.	Qual é o compromisso profundo que estou preparado para assumir?

Imagem	Associações	Pergunte a si mesmo
Cerveja (*ver também* Álcool; Bêbado)	Convivência. Refrigério.	O que eu preciso relaxar?
Cervejaria (*ver* Taverna)		
Cervo (*ver também* Animais selvagens)	Beleza delicada. Timidez.	Qual parte de mim busca proteção?
Cesta	Maleabilidade. Artesanato.	Onde, na minha vida, devo ser flexível para poder prosseguir?
Céu	Bem-aventurança. Transcendência. Liberdade ilimitada. Expansão.	Onde, na minha vida, me sinto abençoado? Onde, na minha vida, posso ser sem limites?
Chá	Contentamento. Companheirismo.	Onde, na minha vida, estou preparado para ter um tempo para mim mesmo?
Chama (*ver também* Fogo)	Inspiração. Intensidade de emoção.	Quais sentimentos sou compelido a expressar?
Chapéu (*ver também* Roupas)	Opiniões. Pensamentos.	Quais pensamentos ou atitudes eu revelo?

Chave	Solução. Acesso.	Qual problema estou prestes a solucionar?
Chave de fenda	Trabalho com conexão.	O que eu estou preparado para conectar?
Chefe	Poder. Direção. Controle.	Onde, na minha vida, estou preparado (ou relutante) para assumir o comando?
Cheiro	Intuição baseada nos sentidos.	O que cheira mal ou bem nesta situação?
Cheque (*ver também* Talão de cheques)	Recursos convenientes. Segurança.	Como protejo os meus recursos?
Chimpanzé (*ver também* Animais selvagens)	Destreza. Travessura. Humor.	Qual parte do meu eu é quase humana?
Chocolate	Gratificação. Sensualidade. Prazer.	O que eu quero ou o que eu tenho medo de satisfazer?
Choque	Despertar súbito. Iluminação.	O que me excita? Que idéia me eletriza?

Imagem	Associações	Pergunte a si mesmo
Choro	Liberação emocional. Mágoa.	Quais emoções estou pronto para expressar?
Choupana (*ver também* Casa)	Necessidades básicas ou primordiais. Retirada. Humildade.	Onde, na minha vida, estou preparado para ser humilde?
Chuva (*ver também* Água)	Liberação de emoções, podendo ser suave e vivificante ou dramaticamente ameaçadora.	Quais os sentimentos que estão se derramando sobre mim?
Chuveiro	Limpeza. Liberação.	O que eu quero lavar?
Cicatriz	Ferida curada. Liberação incompleta de um ferimento emocional.	O que estou preparado para curar completamente?
Cidade	Ordem civilizada. Cultura. Comunidade ou deterioração de sistemas.	De que maneira as partes do meu eu cooperam ou deixam de cooperar?
Cientista	Trabalho com compreensão ou conhecimento.	O que eu quero compreender ou descrever?
Cigarro (*ver também* Fumar)	Estimulação. Vício.	O que eu busco para me distrair?

Cílios	Proteção da vista. Afago.	Estou enxergando bem? O que eu posso observar com segurança? O que eu mostro para o mundo?
Cinco (*ver também* Números)	Quintessência. Mudança. Celebração.	O que está evoluindo em mim?
Cinema (*ver* Filmes)		
Cinto (*ver também* Roupas)	Prender. Segurar. Ligar.	O que estou preparado para conectar?
Cinto de segurança (*ver também* Veículos)	Segurança. Restrição.	O que questiona o meu poder?
Cinza (*ver também* Cores)	Transição de um estado a outro. Cinza-claro, paz. Cinza-escuro, medo.	Em que direção estou indo?
Cinzas	Restos.	O que acabou para mim? O que estou pronto a descartar?
Circo	Alegria infantil. Fantasia. Profusão.	Do que eu quero desfrutar?
Círculo	O todo. Repetição. Infinito.	O que está completo?
Cirurgia	Trabalho relacionado com cura.	Qual parte de mim quer estar bem?

Imagem	Associações	Pergunte a si mesmo
Cirurgia plástica facial	Reparo da auto-imagem. Renovação. Vaidade.	Qual parte da minha identidade está preparada para uma reestruturação?
Ciúme	Trabalho com o medo da intimidade.	Onde, na minha vida, estou pronto para demonstrar a minha vulnerabilidade?
Clínica	Atitude de desapego em relação à saúde e ao bem-estar.	Quais são os apegos que estão bloqueando a minha saúde?
Clube	Reunião. Camaradagem.	Do que eu desejo fazer parte?
Clube noturno (*ver também* Noite)	Estímulo. Diversões.	Qual é a excitação que eu busco?
Cobertor	Conforto. Segurança. Calor.	Qual é o desconforto ou medo que estou encobrindo?
Cobra (*ver também* Animais selvagens)	Energia. A serpente da energia da kundalini. Sexualidade.	Qual a energia que estou preparado para expressar ou compreender?
Cocaína (*ver* Drogas)		

Cochilar (*ver também* Sonhar; Dormir)	Relaxamento e descanso. Tranqüilidade.	Que parte de mim precisa se acalmar?
Cocô (*ver* Excremento)		
Coelho (*ver também* Animais domésticos; Animais selvagens)	Fertilidade. Sorte. Insegurança.	Em que parte da minha vida estou pronto para ser produtivo?
Coiote (*ver também* Animais selvagens)	Vigarista. Canalha. Ladrão.	Que aventuras eu ando procurando?
Cola	Unir. Reparar.	O que está se juntando a mim?
Colar (*ver também* Jóia)	Exibição. Distinção.	Do que eu estou orgulhoso? O que eu valorizo em mim mesmo?
Colégio (*ver* Universidade)		
Colina	Realização fácil. Progresso confortável.	O que, para mim, é fácil fazer?
Colisão (*ver* Destroço)		

Imagem	Associações	Pergunte a si mesmo
Coluna vertebral (*ver também* Partes do corpo)	Apoio. Responsabilidade.	O que me segura?
Combinação (Roupa de baixo) (*ver também* Roupas)	Eu interior ou individual.	O que eu quero — ou temo — revelar ao mundo?
Comer	Sustento. Satisfação. Prazer.	Quais partes do meu eu estou alimentando?
Cometa	Mensageiro. Despertar ou liberação de energia.	Qual a visão que eu procuro?
Comida	Nutrição. Segurança. Prazer ou gula.	O que eu alimento em mim mesmo? Do que eu tenho fome?
Companheiro (*ver* Amigo)		
Comprimido	Ajuda. Alívio. Remédio.	De que eu preciso para me sentir melhor?
Computador	Facilidade de comunicação. Alta tecnologia.	Qual área da comunicação está se abrindo para mim?

Comuna	Energia coletiva. Socialização. União de crenças.	A que eu quero me juntar? Quem são os meus pares?
Concerto	Trabalho com harmonia. Cooperação.	De que maneira eu quero me juntar a outras pessoas?
Concha	Proteção. Pode ser limitação ou cobertura. Beleza de forma.	Que sentimentos eu preciso proteger? Quais estruturas eu valorizo?
Confeitaria (*ver também* Bolo)	Luxúria. Indulgência. Doçura.	O que eu desejo ardentemente? Há doçura suficiente na minha vida?
Confeito (*ver também* Açúcar)	Pequenos banquetes. Tentação.	Recebo o que é essencial para mim?
Confiar	Trabalho com auto-aceitação.	Qual parte do meu eu estou pronto para integrar?
Confusão	Desorientação. Quebra-cabeça.	Que problemas intricados estou pronto a resolver?
Congelado (*ver também* Água)	Preservação. Restrição.	Quais são os sentimentos rígidos que estou pronto para dissolver?
Congestionamento de trânsito (*ver também* Veículos)	Poder ou movimento frustrado.	Onde a minha energia é bloqueada?

Imagem	Associações	Pergunte a si mesmo
Conselheiro (*ver* Advogado ou Terapeuta)		
Constipação	Medo de se soltar.	O que eu estou retendo?
Construção	Trabalho com a estrutura do eu.	Onde, na minha vida, estou preparado para construir novamente?
Conta	Pagamento devido.	O que deve ser pago?
Contestação	Competição. Rivalidade.	Que força estou preparado para demonstrar?
Contrabandear	Trabalho com propriedade e controle.	O que me foi negado? O que eu quero possuir?
Convento	Comunidade espiritual. Afastamento de assuntos familiares e mundanos.	Quais necessidades interiores estou preparado para alimentar e sustentar?
Conversar	Comunicação.	O que eu estou pronto para expressar? Com quem eu quero me comunicar? O que eu quero comunicar?

Conversível (*ver também* Veículos)	Poder de encantamento. Desfile.	Qual poder estou preparado para demonstrar?
Convés	Vida ao ar livre. Ligação do eu com a natureza.	Em qual parte do meu eu busco identificação com a natureza?
Convulsões (*ver* Ataques)		
Cooperador	Colaboração. Trabalho com relacionamentos.	De que maneira estou preparado para cooperar mais? O que está ou não está trabalhando para mim?
Copiador	Repetição. Facilidade de reprodução.	Qual mensagem quero fazer circular?
Coração (*ver também* Partes do corpo)	Amor. Segurança.	Onde, na minha vida, estou pronto para dar e receber amor?
Corda	Interligação. Restrição.	O que eu quero juntar ou controlar?
Cordão umbilical	Elo entre o velho e o novo eu.	De que maneira estou interligado com meu eu emergente?
Cor-de-rosa (*ver também* Cores)	Afeição. Amor.	A que eu estou reagindo?

Imagem	Associações	Pergunte a si mesmo
Cor laranja (*ver também* Cores)	Emoção. Estímulo. Cura.	O que eu estou sentindo?
Cores (*ver* nomes das cores por ordem alfabética)		
— *Amarelo*	Vitalidade. Intelecto. Clareza.	O que eu desejo compreender?
— *Azul*	Harmonia. Espiritualidade. Paz interior. Devoção.	Qual é a origem da minha paz?
— *Azul-turquesa*	Cura. Boa sorte. Proteção.	Onde, na minha vida, eu me sinto seguro?
— *Bege*	Neutralidade. Desapego. Ausência de comunicação. *Status*.	O que eu estou preparado para tratar com mais seriedade, ou para ser menos sério a respeito?
— *Branco*	Pureza. Clareza. Frieza.	O que eu procuro purificar?
— *Bronzeado*	Convenção. Trabalho duro. Propriedade.	De que maneiras busco ou evito a respeitabilidade?
— *Cinza*	Transição de um estado para outro. Cinza-claro, paz. Cinza-escuro, medo.	Em direção a que eu estou me movendo?

— *Cor-de-rosa*	Afeição. Amor.	A que eu estou reagindo?
— *Laranja*	Emoção. Estímulo. Cura.	O que eu estou sentindo?
— *Marrom*	Mundo material. Segurança.	O que, na minha vida, precisa de organização?
— *Preto*	Isolamento. Limite. Separação. Introspecção. Cor de transição.	Do que eu estou me separando?
— *Púrpura* (*ver* Violeta)		
— *Verde*	Crescimento. Serenidade. Cura através do crescimento.	Em que parte da minha vida eu estou crescendo?
— *Vermelho*	Energia. Vigor. Paixão.	Qual é a minha fonte de energia ou de força?
— *Violeta*	Espiritualidade. Limite entre os reinos visível e invisível. Aristocracia.	A que eu aspiro?
Coroa	Majestade. Ser escolhido.	Que parte do meu eu busca reconhecimento?
Corpete	Ornamento de honra. Reconhecimento.	Qual a parte do meu eu que merece ser — ou procura ser — reconhecida?

Imagem	Associações	Pergunte a si mesmo
Corredeiras (*ver também* Água)	Emoções ativas e estimulantes.	Como eu me sinto com sentimentos muito fortes?
Corredor (*ver* Vestíbulo)		
Correia	Controle. Restrição.	O que me conduz? A que estou preso?
Corrente	Ligações. A força de muitos.	O que me restringe e o que me fortalece?
Correnteza (*ver também* Água)	O fluxo do sentimento.	Que sentimentos fluem confortavelmente dentro de mim?
Correr	Movimento rápido. Fuga. Alegria do físico.	O que me move?
Correspondência	Notícias. Orientação.	O que eu quero ouvir ou aprender?
Corte (*ver* Ferimento)		
Cortina	Proteção. Decoração.	De que maneiras eu busco a privacidade? Ou o que eu desejo demonstrar?
Coruja	Sabedoria. Visão.	Que parte do meu eu é naturalmente sábia?

Corvo	Magia. Presságio. Sagacidade.	Qual é a mensagem?
Costas (*ver também* Partes do corpo)	Inconsciente. "Lá no fundo."	O que está acontecendo que eu não consigo ver?
Costurar	Juntar. Reparar.	O que eu quero criar ou restaurar?
Couro cabeludo (*ver* Partes do corpo; Pele; Cabelo)		
Coxa (*ver também* Partes do corpo)	Poder de movimento.	Sou suficientemente forte para chegar aonde eu quero ir?
Cozinha (*ver também* Casa)	Alimento. Produtividade.	O que está cozinhando?
Craque (*ver também* Drogas)	Possibilidade.	Que oportunidades estou disposto a agarrar?
Criança ou Crianças	Inocência. O novo eu procurando desenvolver-se.	Onde, na minha vida, estou me desenvolvendo? Qual é a parte infantil da minha natureza?
Crime	Culpa. vergonha. Ausência de poder.	Onde, na minha vida, estou me preparando para expressar meu poder?

Imagem	Associações	Pergunte a si mesmo
Criminoso	Trabalho com incapacidade.	Onde, na minha vida, estou me preparando para expressar a minha força?
Cristal	O eu essencial. Clareza. Foco.	O que é essencial para mim?
Cristo (*ver também* Jesus)	Consciência superior. Salvação.	Qual parte do meu eu é divina? Como sinto a minha divindade?
Crocodilo (*ver* Animais selvagens; Jacaré)		
Cruz	Sacrifício. Sofrimento. Salvação.	O que eu desejo transformar?
Culinária	Preparar-se para alimentar.	O que eu alimento em mim mesmo e nos outros?
Culpa ou Culpado	Julgamento.	O que estou pronto para perdoar em mim mesmo e nos outros?
Culto	Devoção inquestionável. Às vezes, crenças obsessivas.	Quais das minhas crenças estão prontas para se expandir? Quais as crenças que estão me limitando?

Cume (*ver também* Montanha; Pico)	Realização. Objetivos.	O que, na minha opinião, é o sucesso?
Cura ou Agente da Cura	Restauração. Recuperação.	Onde, na minha vida, estou preparado para ser inteiro?
Curativo (*ver* Atadura)		
Curso secundário (*ver* Escola)		
Dança (*ver também* Balé)	Participação alegre na vida. O movimento como transcendência.	O que me inspira a ir além dos limites que eu imagino?
Dano	Injúria. Perda.	O que estou preparado para restaurar ou substituir?
Dar bofetadas	Força da atenção.	Sobre o que eu desejo — ou temo — chamar a atenção?
Dar nó (*ver também* Nó)	Laço de união. Emaranhamento. Complicação.	O que está interligado em mim? O que eu quero ou tenho medo de unir?
Dar tiros	Aspectos destrutivos do ser.	Do que eu quero me livrar?

Imagem	Associações	Pergunte a si mesmo
Debaixo d'água (*ver também* Nadar; Água)	Mergulho na emoção.	No interior de quais emoções estou submerso?
Debaixo de (*ver também* Fundo)	Inconsciente. O aspecto inferior do eu.	O que eu estou preparado para manifestar?
De cabeça para baixo	Reversão. Confusão.	O que eu quero endireitar?
Dedo (*ver também* Partes do corpo)	Sensibilidade. Percepção.	O que eu estou tocando?
Defecação (*ver também* Banheiro)	Eliminação. Queima, especialmente de lixo do passado.	Do que estou preparado para me libertar?
Deficiente (*ver também* Aleijado)	Restrição. Desvantagem.	Qual parte do meu eu está preparada para ser transformada num todo?
Deformidade	Expectativas fracassadas. Desapontamento.	Qual parte do meu eu estou preparado para aceitar e amar? Onde, na minha vida, eu busco proteção?
Delfim (*ver também* Animais selvagens)	Inteligência natural. Sabedoria transcendente. Compaixão. Jovialidade.	Qual parte do meu eu é divinamente sábia e jovial?
Demolição	Trabalho com eliminação.	Qual parte da minha vida não é mais funcional?

Demônio (*ver também* Diabo; Monstro)	Imagem de dúvida a respeito de si mesmo ou de autonegação.	O que está entre mim e uma consciência maior?
Dentes (*ver também* Partes do corpo)	Independência. Poder. Capacidade de alimentar e de se comunicar.	Onde, na minha vida, tenho medo da dependência? O que eu desejo dizer?
Dentes falsos (*ver* Dentes)		
Dentista (*ver também* Dentes)	Trabalho com independência e poder.	Qual parte do meu eu precisa de fortalecimento?
Depósito	Recursos. Variedade. Escolha.	Quais as coisas novas que eu estou buscando?
Depressão	Emoção reprimida. Falta de opções.	O que eu tenho medo de sentir?
Derreter (*ver também* Água)	Deixar ir.	Quais são as velhas estruturas que estou preparado para dissolver?
Desapegado (*ver* Insensível)		
Deserto	Isolamento. Retirada. Perseverança.	Do que eu desejo me retirar?
Desfiladeiro	Um canal no fluxo da consciência. Passadiço.	Quais são os sentimentos que fluem através de mim?

Imagem	Associações	Pergunte a si mesmo
Deslizamento de terra	Trabalho com estabilidade emocional. Medo de mudança.	Quais os velhos artifícios de sobrevivência que eu estou pronto a descartar?
Desmembramento	Arrancar aos pedaços.	O que eu preciso arrancar para me manter íntegro?
Desordem (*ver também* Multidão)	Perda da individualidade. Conformismo destrutivo.	Onde, na minha vida, estou preparado para resistir sozinho?
Despir-se	Expor o eu verdadeiro ou interior.	Por baixo de todas as aparências, quem sou eu?
Destroço	Destruição violenta. Barreira contra o progresso.	O que ou quem quer me deter?
Destruição (*ver* Ruína)		
Desvio	Mudança de direção no caminho da vida.	O que devo evitar para chegar ao meu verdadeiro destino?
Deus	O divino masculino. Sagrado. Criador.	O que eu desejo que permaneça sagrado?
Deusa	O divino feminino. Compaixão. Amor.	Quais as qualidades que reverencio?

Dez (*ver também* Números)	Novo comcço numa oitava acima.	O que eu aprendi?
Diabo (*ver também* Demônio)	Forças negativas. Tentação.	O que está entre mim e a minha consciência maior?
Diamante (*ver também* Jóia)	Pureza. Claridade. Tesouro que dura.	O que, na minha opinião, é precioso?
Diarréia	Soltar.	O que devo liberar?
Dieta	Autodisciplina ou autopunição. Autolimitação.	O que eu devo controlar ou do que devo desistir para me manter saudável?
Diligência	Jornada aventurosa.	De que maneiras busco excitação no meu caminho?
Dinamite	Força explosiva. Mudança súbita.	O que está prestes a explodir?
Dinheiro	Segurança. Riquezas.	O que eu valho?
Dinossauro (*ver também* Animais selvagens)	Fantasia. O poder do tamanho.	Qual parte do meu eu deseja ser maior?
Dirigir (*ver também* Viagem; Veículos)	Trabalho com energia e poder.	Até que ponto posso ir? Qual é o destino almejado?

Imagem	Associações	Pergunte a si mesmo
Disco	Preservação do conhecimento. Receptáculo.	Qual informação eu quero manter em segurança?
Discoteca (*ver* Dança; Clube noturno)		
Disfarce	Partes ocultas do eu.	O que eu estou escondendo? O que eu estou preparado para revelar?
Disparate	Perda de controle. Loucura.	O que eu encaro com demasiada seriedade?
Ditador	Controle. Opressão.	De que maneiras posso ser mais flexível na tomada de decisões?
Doente	Trabalho com cura ou bem-estar.	Qual é a parte do meu eu que estou me preparando para curar?
Doido (*ver* Louco; Ira)		
Dois (*ver também* Números)	Dualidade. Oposição. Equilíbrio. Parceria.	Como eu me relaciono?
Dor	Conflito. Problema. Sofrimento.	O que me machuca? Que partes do meu eu são negadas?

Dormir	Inconsciente. Relaxamento e descanso profundos.	Qual parte do meu eu está pronta para despertar?
Dragão (*ver também* Animais selvagens)	Domínio sobre os elementos. Abundância. A matéria e o espírito combinados.	De que maneiras estou disposto a pôr em sintonia os aspectos físicos e espirituais da minha natureza?
Drapejamento (*ver* Cortina)		
Drogas	Curar ou tornar insensível.	O que eu desejo sufocar ou intensificar?
Duende	Aparição que causa medo.	Que medos estou pronto para examinar ou confrontar?
Duna	Ausência de tempo. Mutabilidade. Fluxo.	Onde em minha vida estou mudando constantemente?
Eclipse	Escurecimento da luz.	Que medos estou preparado para observar?
Ejaculação precoce (*ver também* Sexo)	Má sincronia. Perda de controle.	Quais os sentimentos que me oprimem?

Imagem	Associações	Pergunte a si mesmo
Elefante (*ver também* Animais selvagens)	Sabedoria. Memória. O poder da persistência.	Onde repousa a minha sabedoria?
Elementos (*ver* nomes dos Elementos, por ordem alfabética)		
— *Água*	Emoção. Dissolver. Ceder. Liberação. Limpeza.	O que eu estou sentindo?
— *Ar*	Respiração. Inteligência. Força mental.	Qual a área da minha vida que exige estimulação?
— *Fogo*	Espírito. Energia. Imaculado e purificador.	Em quais áreas da minha vida eu busco inspiração ou renovação?
— *Terra*	Matéria. Enraizamento através da natureza.	Como eu estou ligado ao mundo físico?
Eletricidade (*ver* Eletricista)		
Eletricista	Trabalho com energia ou com força vital.	Qual parte do meu eu precisa de uma carga de energia?
Elevador	Ascensão. Compreensão aumentada.	O que estou fazendo para subir mais?

Elfo (*ver* Anão; Fada)		
Embrião (*ver* Feto)		
Embrulho	Peso. Carga. Equipamento.	O que transporto comigo?
Empacotar	Preparação para o movimento. Classificar ou guardar velhas idéias.	O que eu quero levar ou deixar para trás?
Emprego (*ver também* Trabalho)	Ocupação. Desempenho.	O que eu estou pronto para fazer?
Encadeamento	Juntar. Restringir.	O que eu quero amarrar num só feixe? O que está confinando?
Encanamento	Liberação ou limpeza de pequena importância.	Quais são as questões incidentais que eu quero lavar?
Enchente (*ver também* Água)	Extravasamento da emoção.	Quais sentimentos são excessivos para mim?
Encolher	Inadequação. Pequeno demais.	Onde, na minha vida, ou por quem eu me sinto diminuído?
Encontro	Descoberta. Realização.	O que eu estou preparado para possuir?
Encruzilhada	Mudança de direção.	Por qual caminho eu quero ir?

Imagem	Associações	Pergunte a si mesmo
Enfermeira	Cuidados de cura. Compaixão.	Qual parte do meu eu precisa ser cuidada, ou precisa cuidar de outras pessoas?
Enfermo ou Enfermidade (*ver* Doente)		
Enforcamento	Refreamento da comunicação.	O que eu estou pronto a dizer ou a ouvir?
Engatinhar	Movimento regressivo.	Em quais áreas da minha vida quero fazer as coisas com calma?
Engrenagem	Idéias. Atitudes. Crenças.	O que eu valorizo? O que é útil para mim?
Enguia	Trabalho com compromisso. Escorregadio.	O que ameaça a minha liberdade de movimentos?
Enjeitado	Aspecto abandonado do eu.	De qual parte do meu eu estou me preparando para cuidar?
Enjôo no mar	Emoções perturbadoras.	De quais sentimentos estou preparado para me livrar?
Ensinar (*ver também* Escola)	Trabalho com conhecimento ou comunicação.	Onde, na minha vida, eu estou preparado para reconhecer ou compartilhar a minha sabedoria?

Entrada para automóveis	Acesso a poder e a movimento.	Com que facilidade posso ter acesso ao meu poder?
Entranhas (*ver também* Partes do corpo)	Força. Energia.	Qual é a fonte de onde retiro a minha força?
Entulho	Fragmentos. Refugo.	O que eu quero restaurar até a totalidade?
Epidemia	Desordem ou doença universal.	Qual é, na minha opinião, o sistema que está desmoronando?
Epilepsia (*ver* Ataques)		
Equador	Rito de passagem. Movimento de uma esfera de atividade para outra.	Como estou me tornando mais íntegro?
Ereção (*ver também* Sexo)	Poder criativo. Fertilidade.	O que eu quero fazer ou construir?
Erupção	Explosão de material inconsciente.	O que eu devo aclarar?
Erva	Sabor. Sutileza.	De que maneira estou buscando mais sabor na minha vida?
Erva daninha	Fertilidade vigorosa. Crescimento indesejado.	O que eu estou cultivando?
Escada de mão	Subir.	A que altura estou preparado para subir?

Imagem	Associações	Pergunte a si mesmo
Escada rolante (*ver* Elevador)		
Escadas (*ver também* Casa)	Subida. Ir mais alto. Aspiração. Descida. Enraizamento.	Para o que quero me elevar ou descer?
Escalada	Aspiração. Crescimento com esforço. Realização.	O que eu estou tentando alcançar?
Escalpo (*ver* Partes do corpo; Pele, Cabelo)		
Escola	Educação. Disciplina.	O que eu preciso aprender? O que já aprendi e não preciso mais estudar?
Escorpião	Sentimentos, pensamentos e palavras destrutivos.	Onde, em minha vida, estou pronto para expressar minha autoridade e poder?
Escravidão	Restrição. Limitação forçada.	O que preciso fazer e me dá medo?
Escrever	Auto-expressão. Registro de experiência.	O que desejo registrar por escrito?
Escritório	Lugar de Trabalho. Aspecto profissional do eu.	O que ou com o que estou trabalhando?

Escrivaninha	Organização. Tratar de negócios.	O que eu estou preparado para realizar?
Escudo	Proteção. Segurança. Defesa.	Onde, na minha vida, estou preparado para ser mais vulnerável?
Escuro	Mistério. O desconhecido e não-formado. Um lugar de medo ou de potencial.	O que eu procuro? O que busca tomar forma?
Esfera (*ver* Círculo)		
Esfinge	Mistério. Enigmas.	Quais são os segredos que eu procuro entender?
Esgoto	Acúmulo de negatividades. Liberação.	De qual lixo estou preparado para me livrar?
Esmeralda	Promessa. Exuberância.	O que apóia o meu crescimento?
Espaço cósmico (*ver também* Foguete; Espaçonave)	Transcendência de realidade pessoal.	Qual o ser maior que eu procuro conhecer?
Espaçonave ou Espaço (*ver também* Espaço cósmico; Foguete)	Exploração dos reinos interiores ou da consciência. Transcendência das limitações físicas.	Qual a consciência maior que eu estou buscando? Com qual consciência maior eu estou entrando em contato?

Imagem	Associações	Pergunte a si mesmo
Espada (*ver também* Arma)	Cortar fora, especialmente o passado ou falsidades.	Quais as velhas idéias ou crenças com as quais estou pronto a romper?
Espancar	Trabalho com a ira infantil.	Qual parte do meu eu quer crescer?
Espelho	Imagem. Identidade.	Qual parte do meu eu é refletida? O que estou preparado para ver?
Espião	Trabalho com segredos.	Onde, na minha vida, eu estou pronto para me abrir?
Espingarda (*ver também* Arma)	Violência generalizada.	Quais são os danos que estão se espalhando à minha volta?
Espinhas	Feiúra. Pequenas explosões de raiva.	Como estou preparado para ser menos suscetível?
Espinho (*ver também* Estilhaço)	Alfinetada da consciência.	O que me desperta?
Espira	Direção de aspirações. Objetivos mais elevados.	O que eu estou tentando alcançar? O que me inspira?
Espiral	Movimento dinâmico. Evolução. Ciclos.	Onde, na minha vida, estou crescendo e me expandindo?

Espírito maléfico	Morte em vida.	Qual parte do meu eu ameaça a minha sobrevivência?
Esportes	Aceitar as regras do jogo. Honra.	Que jogo estou jogando?
Esposa	Aspecto *yin* do eu. A parceira.	Com o que eu me juntei?
Esqueleto (*ver também* Partes do corpo; Osso)	Trabalho com apoio ou estrutura. Restos.	Onde, na minha vida, me sinto desconjuntado ou desmoronando?
Esquiar (*ver também* Neve)	Alta velocidade, movimento ativo. Equilíbrio e capacidade física.	Qual parte do meu eu está pronta para desfrutar mais liberdade de movimentos?
Esquilo (*ver também* Animais selvagens)	Acumulação. Refúgio.	Onde, na minha vida, estou disposto a me sentir mais seguro?
Estádio	Arena. Exibição.	Quais habilidades estou pronto para desempenhar?
Estátua	Representação. Imagem.	A qual conteúdo eu desejo dar forma?
Estilhaço	Dor ou inconveniência de pouca importância.	Qual é o pequeno desconforto que estou pronto para curar?

Imagem	Associações	Pergunte a si mesmo
Estômago (*ver também* Partes do corpo)	Digestão de informação ou circunstâncias. Compreensão.	Que benefício posso tirar da minha experiência?
Estrada	Direção. Caminho da vida.	Para onde estou indo?
Estrada de ferro (*ver* Trem)		
Estrangeiro (*ver também* Países)	Expansão do ser para domínios desconhecidos.	O que eu estou preparado para explorar em mim mesmo?
Estrangular	Interromper a comunicação.	O que eu estou pronto para ouvir ou dizer?
Estranho	Aspecto não reconhecido do ser.	Que partes da minha natureza eu estou preparado para conhecer?
Estrela	Fonte de luz ou iluminação. Despertar espiritual.	Onde, na minha vida, eu estou preparado para brilhar?
Estufa	Calor. Aquecimento. Alimentação. Conforto.	O que me aquece? Qual é a fonte da minha segurança ou do meu conforto?
Estuprador (*ver também* Sexo)	Forçar a união.	Onde, na minha vida, sinto que o meu amor é rejeitado?

Estupro (*ver também* Sexo)	União forçada.	Com o que eu tenho medo de ser forçado a me unir?
Esvaziar (*ver também* Lixo;	Recusa em viver. Eliminação.	Do que eu não preciso mais?
Eunuco (*ver também* Castração)	Eliminação da sexualidade.	Como posso estar em segurança e ser sexuado?
Europa ou Europeu	Cultura. Velho Mundo. Preservação do passado.	O que eu desejo continuar ou salvar?
Exame (*ver* Teste)		
Exaustão	Energia dissipada. Depressão. Debilidade.	Quais são os sentimentos que eu desejo evitar? Sobre o que eu prefiro nem pensar?
Excitação (*ver também* Sexo)	Estimulação, disponibilidade.	A que eu quero reagir?
Excremento	Eliminação. Lixo do passado.	O que eu estou preparado para esquecer?
Excursionar	Trabalho em processo. Avanço.	Aonde eu quero ir? Sou suficientemente forte para chegar lá?

Imagem	Associações	Pergunte a si mesmo
Executor (*ver também* Juiz)	Punição. Julgamento.	Em quais áreas da minha vida estou preparado para perdoar a mim mesmo?
Exercício	Flexibilidade. Força. Vigor.	Que novas forças eu quero que tomem forma? O que eu estou construindo?
Exibicionismo (*ver também* Sexo)	Exposição.	Qual parte de mim eu preciso ver ou compreender?
Ex-marido	Aspecto masculino do eu, quer integrado, quer rejeitado.	O que eu aceitei, ou me recusei a aceitar, dentro de mim?
Ex-mulher	Aspecto feminino do eu, quer integrado, quer rejeitado.	O que eu aceitei ou me recusei a aceitar dentro de mim?
Ex-namorada	Ideal feminino, quer integrado, quer rejeitado.	O que eu aceitei ou fracassei em aceitar dentro de mim?
Ex-namorado	Ideal masculino, quer integrado, quer rejeitado.	O que eu aceitei ou fracassei em aceitar dentro de mim mesmo?
Expelir gases	Defesa. Agressão passiva. Incapacidade de digerir experiências.	Em que partes da minha vida eu estou preparado para ser mais direto?

Explosão	Mudança súbita e violenta.	O que está prestes a arrebentar?
Exterior (*ver também* Países)	Distante. Estranho. Exótico.	O que é aborrecido na relação com a minha vida?
Extinto	O que não existe mais.	Qual parte do meu eu foi aniquilada?
Extraterrestre (*ver também* OVNI)	Distante, estranho ou não-reconhecido. Não-humano.	Qual parte do meu eu é estranha ou não-convencional?
Faca	Agressão. Desligamento. Raiva.	O que eu quero cortar fora?
Fada	Ser elemental. Espírito da natureza.	Quais domínios, além do normal, eu desejo explorar?
Falar	Comunicação. Mensagem.	O que eu estou dizendo a mim mesmo?
Falar bobagem	Perda de controle. Tolice.	O que eu levo demais a sério?
Família	Parentesco. Grupo.	Com o que eu estou pronto a me relacionar? De que eu me sinto parte?
Fanfarrão	Sexualidade frustrada. Exibicionismo.	De que maneira estou negando minhas necessidades ou solicitações sexuais?

Imagem	Associações	Pergunte a si mesmo
Fantasia (*ver* Disfarce)		
Fantasma	Aspecto espiritual — algumas vezes temido — do eu. Memória.	O que continua voltando para mim?
Faraó	Autoridade absoluta. União do humano com a divindade.	Que formas de autoridade eu temo em mim mesmo; em quais eu confio?
Farol	Auto-iluminação. Aviso. Orientação.	O que eu preciso ver para evitar o perigo?
Fax	Contração do espaço-tempo.	O que eu estou preparado para comunicar instantaneamente?
Fazenda	Domesticação da natureza. Sustento.	O que eu quero para abastecer a mim mesmo e aos outros?
Fazendeiro	Trabalho no relacionamento com a natureza.	O que eu alimento em mim mesmo?
Fazer conferências	Comunicação. Fazer sermão.	O que eu estou pronto para ouvir ou dizer? Qual é a minha especialidade?
Fechadura	Segurança. Confinamento.	O que eu estou pronto para abrir ou fechar?

Fedor (*ver* Cheiro)		
Feiticeiro	Trabalho com capacidade ou feitiçaria.	Quais poderes eu procuro dominar?
Fenda (*ver* Abismo)		
Fênix	Renascimento. Renovação. Imortalidade.	Qual a parte do meu eu que não pode morrer?
Ferimento ou Ferido	Local de tristeza ou de angústia.	Quais são os danos que estou pronto para curar?
Ferir	Trabalho com dores antigas.	Quais ferimentos eu quero curar?
Ferramentas	Trabalho com produtividade.	O que eu quero fazer ou criar?
Ferro	Rigidez. Constância. Resistência.	Onde, na minha vida, eu preciso permanecer firme?
Festa	Celebração. Festividade.	O que eu estou preparado para celebrar?
Feto	Potencial. Concebido, mas ainda não trazido à luz.	O que eu quero produzir?
Fígado	Maus sentimentos. Preguiça.	Qual é a paz que eu estou buscando? De que maneira estou preparado para ter compaixão?

Imagem	Associações	Pergunte a si mesmo
Filamento	Debilidade. Fragilidade.	O que eu estou pronto para fortalecer?
Filha	Aspecto feminino juvenil do eu.	Em que área da minha vida eu estou preparado para expressar uma receptividade juvenil?
Filho	Aspecto masculino juvenil do eu.	Onde, na minha vida, estou pronto para expressar poder juvenil?
Filhote	Trabalho com amor-próprio.	Com qual parte de mim mesmo eu me preòcupo?
Filmes	O roteiro ou história que estão sendo representados. Um meio de se distanciar dos acontecimentos.	Qual é a minha história? O que eu desejo observar?
Fio	Atar. Padrões.	O que eu estou interligando ou criando?
Flecha	Atingir o alvo. O dardo de Cupido. Compreensão dolorida.	Qual é o problema?
Flerte	Simulação de amor.	Onde ou com quem eu quero ter intimidade?
Flor	Beleza. Sexualidade. Florescer.	De que maneiras minha beleza e sexualidade estão florescendo?

Floração (*ver* Flor)		
Floresta	O domínio do inconsciente. Forças naturais.	Que parte da minha natureza interior eu estou preparado para explorar?
Flutuar	Ausência de esforço. Flutuante.	Que sentimentos me sustentam?
Foca (*ver também* Animais selvagens)	Instinto cômico. Jovialidade.	Em qual parte da minha vida estou procurando mais alegria?
Fogo (*ver também* Elementos)	Espírito. Energia. Imaculado e purificador.	Em quais áreas da minha vida eu busco inspiração ou renovação?
Fogueira de acampamento (*ver também* Fogo)	Companheirismo. Energia compartilhada.	Quais companhciros eu procuro?
Foguete (*ver também* Espaço cósmico; Espaçonave)	Rompendo os limites físicos. Exploração do espaço interior.	Quais limites eu estou preparado para transcender?
Fonte (*ver também* Água)	Emoção brotando. Liberdade de expressão emocional. Liberação.	Quais são os sentimentos que estão vertendo em mim?
Fora-da-lei	Rebelião. Aventura.	Que liberdade eu estou buscando?

Imagem	Associações	Pergunte a si mesmo
Formiga	Organização social. Ordem. Operosidade.	Como devo cooperar para realizar os meus desejos?
Forte	Individualidade defendida.	Quais defesas eu estou preparado para examinar?
Fossa negra (*ver também* Esgoto)	Negatividade acumulada. Reciclagem.	O que eu estou eliminando?
Fosso	Drenagem. Escape.	O que eu estou pronto para eliminar? De que eu estou preparado para escapar?
Fotografia	Imagem. Visão. Memória.	Do que eu me lembro? Como eu vejo o mundo?
Fotógrafo (*ver também* Câmera)	Trabalho com a imagem do mundo.	Qual é a imagem do mundo que eu quero preservar?
Freezer	Preservação. Frio.	Que sentimentos estão congelados dentro de mim?
Freios (*ver também* Veículos)	Controle ou diminuição de movimento.	Onde, na minha vida, estou preparado para me sentir mais seguro em relação ao meu poder?

Freira	Retiro. Vida espiritual.	Qual parte do meu eu precisa se afastar das exigências da vida?
Frigideira (*ver também* Panela)	Ferramenta ou arma. Equipamento básico.	O que estou pronto para preparar? O que eu ofereço? Como estou lidando com o básico?
Frio	Calafrio emocional. Falta de circulação.	De qual calor eu sinto falta?
Fronteira	Onde dois estados, atitudes ou padrões de vida se encontram.	Que nova área eu estou me preparando para atravessar?
Fruto	Produto. Prole.	O que estou preparado para colher?
Fumar ou Fumaça (*ver também* Cigarro)	Visão restrita. Resíduo. Tela.	O que está escondido? O que eu quero esconder?
Fundo	Fundação. Realização.	O que eu explorei completamente? O que eu quero explorar completamente?
Fundo de garantia	Segurança. Controle.	De que maneira estou preparado para cuidar de mim mesmo?
Funeral	O fim ou morte de alguma coisa.	Qual parte do meu eu está preparada para ir embora?
Furacão	Emoções destrutivas.	Quais são os sentimentos poderosos que eu estou pronto para experimentar?

Imagem	Associações	Pergunte a si mesmo
Furto (*ver* Roubo)		
Futebol (*ver* Jogo de bola; Esportes)		
Gabinete	Armazenamento de idéias ou identidade.	O que está colocado de lado?
Gaiola (*ver também* Prisão)	Aprisionamento de elementos perigosos.	Qual a parte em mim que eu preciso controlar ou limitar? De que maneira eu sou perigoso?
Galeria de arte	Demonstração de criatividade.	O que é unicamente meu? O que eu estou disposto a deixar que o mundo observe em mim?
Galhos	Extensão de crescimento.	Em que direção estou crescendo?
Galinha (*ver também* Animais domésticos)	Pensamentos dispersos e desorganizados. Pequenos medos.	Onde preciso focalizar a minha consciência? Será que eu sinto medo desnecessariamente?
Galo	Masculinidade agressiva. Presunção.	A respeito do que eu quero "cacarejar"?

Gambá (*ver também* Animais selvagens)	Fingimento de morte.	O que me ameaça? Onde estou pronto para voltar à vida?
Ganso (*ver também* Animais domésticos)	Tolo. Agressivo. Vigilante.	Sou tolo? Onde, na minha vida, a minha agressão está pronta para irromper?
Garagem (*ver também* Casa)	Armazenamento. Proteção.	Como eu cuido do meu poder?
Garçom ou Garçonete	Trabalho com serviço. Servilismo.	Que serviço eu estou pronto a prestar? Onde eu estou cansado de servir?
Garganta (*ver também* Partes do corpo)	Comunicação. Criatividade. Confiança.	O que eu estou preparado para ouvir ou para dizer?
Gargantilha (*ver também* Pedras preciosas)	Exibição. Distinção.	De que estou orgulhoso? O que eu valorizo em mim mesmo?
Garra (*ver também* Animais domésticos; Animais selvagens)	Instintos animais ameaçadores.	Com que medos estou me preparando para confrontar?

Imagem	Associações	Pergunte a si mesmo
Gás lacrimejante	Sentimentos torturantes. Esmagado pelo sofrimento.	Qual dor profunda eu estou pronto para lavar?
Gato (*ver também* Animais domésticos)	Um aspecto feminino. Carinhoso e suave. Também independente e capaz de cuidar de si próprio.	Como estou integrando os aspectos submissos e os aspectos independentes da minha natureza? Como eu me sinto em relação a essas qualidades combinadas numa mulher?
Gay (*ver* Homossexual)		
Gelo (*ver também* Água)	Um estado rígido de sentimento. Congelado.	Que sentimentos estão trancados dentro de mim ou estão prestes a se derreter?
Gêmeos	Trabalho com identidade. Imagem de espelho.	O que eu reflito?
Gerente	Trabalho com organização.	Como estou pronto para ser mais eficiente?
Girafa (*ver também* Animais selvagens)	Visão de cima. Graça tímida.	Onde, na minha vida, eu estou pronto para ampliar a minha visão?

Golfe	Recreação de *status* elevado.	Como posso desfrutar de um valor-próprio aumentado?
Golfinho (*ver* Delfim)		
Golfo	Abismo. Vastidão circundante.	Quais são os limites que eu busco?
Gordura	Proteção. Sensibilidade. Segurança.	Quais são os medos que eu estou preparado para perder?
Gorila (*ver também* Animais selvagens)	Força. Inocência. Raridade.	Em que áreas da minha vida eu estou pronto para ser forte e gentil?
Goteira (*ver também* Água)	Gotejamento de emoção.	O que eu estou liberando pouco a pouco?
Governo	Regulamentação administrativa. Controle. Provedor.	Onde, na minha vida, eu me sinto controlado ou cuidado?
Graça	Bênção. Ruptura.	O que é transcendente dentro de mim?
Grama	Proteção natural. Ubiqüidade.	Com que parte de mim eu posso contar sempre?
Grande	Maior do que o normal. Inflado. Generoso.	Que parte da minha vida eu estou pronto para expandir? Onde tenho medo de uma superexpansão?
Grande altura (*ver* Arranha-céu)		

Imagem	Associações	Pergunte a si mesmo
Gravidez	Vida nova. Fecundidade.	O que eu estou me preparando para produzir?
Gritar	Liberação emocional.	O que eu devo forçosamente expressar?
Grupo de estudos	Processo. Autocompreensão.	Que capacidades eu desejo desenvolver?
Guarda-chuva	Proteção contra tempestades emocionais.	O que está chovendo em cima de mim?
Guarda-civil (*ver* Polícia)		
Guarda de segurança	Trabalho com segurança.	Qual parte de mim precisa de proteção?
Guarda-louça	Armazenamento. Oculto.	O que eu quero manter em segurança? O que eu estou preparado para revelar?
Guardar dentro de uma mochila (*ver também* Acampamento)	Trabalho com a auto-suficiência.	O que eu posso descartar? O que eu tenho de carregar para a minha sobrevivência?

Guerra	Violência. Conflito.	Quais partes do meu eu estão em conflito?
Guerreiro (*ver também* Soldado; Veterano; Guerra)	Trabalho com desafios.	O que eu estou preparado para desafiar ou confrontar?
Guirlanda de flores (*ver também* Corpete)	Sinal de honra ou de afeto.	O que eu quero reconhecer em mim mesmo?
Guru	Conhecimento. Inspiração. Obsessão. Devoção.	De que forma eu quero — ou temo — ser mais poderoso no mundo?
Hamster (*ver também* Animais domésticos)	Dependência. Esperteza.	Qual parte do meu eu precisa ser cuidada?
Helicóptero (*ver também* Veículos)	Movimento em muitas direções.	Onde, na minha vida, eu quero mais liberdade de movimento?
Herpes	Mau uso da energia sexual. Expressão sexual insensata.	O que me preocupa em relação ao sexo?
Hidroavião (*ver também* Viagem; Veículos)	Planar sobre o mar do sentimento.	Quais são as emoções que não me inibem mais?

Imagem	Associações	Pergunte a si mesmo
Hipodérmica (*ver* Injeção)		
Hipopótamo (*ver também* Animais selvagens)	Força enorme. Perigo oculto. Tamanho.	Como eu escondo o meu poder?
Hippie	Liberdade. Excesso. Rejeição dos valores convencionais.	Qual parte do meu eu quer — ou teme — ser diferente?
Holograma	Totalidade. A parte como algo igual ao todo.	De que maneira eu estou pronto para ver a perfeição do meu ser?
Homem	Aspecto *yang*. Ativo.	Onde, na minha vida, eu estou pronto para ser mais positivo?
Homem das cavernas ou Mulher das cavernas	Aspectos primordiais da individualidade.	O que é fundamental para a minha natureza?
Homossexual (*ver também* Sexo)	União — ou medo de união — com aspectos do eu.	Com que parte da minha feminilidade, ou masculinidade, eu procuro me incorporar?
Horda (*ver* Multidão)		
Hospital	Cura. Confinamento.	O que eu estou pronto para curar?

Hotel	Aspecto passageiro da identidade.	Qual parte do meu eu está em trânsito?
Idade (*ver* Velho; Moço)		
Igreja	Crença espiritual. Religião organizada.	Qual é a estrutura da minha crença?
Ilha	Solidão. Separação. Fuga. Tanto pode ser agradável como solitária.	Do que eu me separo?
Imagem (*ver* Pintura; Fotografia)		
Imitação de diamante	Imitação. Substituto barato.	Onde, na minha vida, eu estou pronto para o que é verdadeiro?
Incêndio (*ver também* Fogo)	Cólera destrutiva. Limpeza da raiva.	O que eu preciso queimar para ser livre?
Incesto (*ver também* Sexo)	Medo do amor.	Estou preparado para ser sexualmente maduro?
Inchaço	Expansão descontrolada.	Qual é a pressão que eu estou preparado para liberar?

Imagem	Associações	Pergunte a si mesmo
Índio (*ver* Nativo)		
Inferno	Tormento. Agonia espiritual.	O que estou pronto para perdoar em mim mesmo e nos outros?
Injeção	Introdução forçada. Necessidade.	O que eu preciso ter?
Injúria	Trabalho com feridas antigas.	Quais são os danos que eu estou pronto a reparar?
Insano (*ver* Louco)		
Insensível	Trabalho com a negação da emoção.	Onde, na minha vida, eu estou preparado para ser menos sensível?
Inseto	Pequenos problemas. Inconveniência.	O que me incomoda?
Intestinos (ver Entranhas)		
Intoxicação (*ver* Bêbado)		
Inválido (*ver também* Aleijado; Deficiente)	Enfermidade. Trabalho com uma fraqueza ou doença longa.	Quais são as velhas limitações que eu estou disposto a curar?

Invasão	Entrada forçada. Ataque.	Que partes do meu eu estão preparadas para ser mais positivas?
Inverno	Ciclo de desintegração. Descanso. Renascimento.	O que eu estou preparando para suportar?
Ira	Trabalho com o sentimento de ser vítima.	Por qual força interna estou buscando?
Ir às compras	Encontrar o que se quer. Opções.	O que eu estou pronto para levar para casa?
Irmã	Eu feminino. Camaradagem.	O que eu admiro ou julgo em mim mesmo?
Irmão	Aspecto masculino do eu. Camaradagem.	O que eu admiro ou temo em mim mesmo?
Jacaré (*ver também* Animais selvagens)	Medo primordial.	Quais são os medos básicos que eu sinto?
Jade	Proteção. Boa sorte.	Onde, na minha vida, sinto-me abençoado ou quero ser abençoado?
Janela (*ver também* Casa)	Visão. Ver e ser visto.	O que eu estou querendo ver? O que eu desejo revelar ou ocultar?

Imagem	Associações	Pergunte a si mesmo
Jaqueta (*ver também* Roupas)	Liberdade de movimentos. Aventura.	Em que parte da minha vida estou buscando liberdade de ação?
Jardim	Eu interior. Crescimento ou florescimento.	O que alimento em mim mesmo?
Jardineiro	Processo natural. Crescimento.	O que está crescendo em mim?
Jeans (*ver também* Roupas)	Comunidade. Conforto. Liberdade.	Onde, na minha vida, eu estou à vontade? Onde quero estar mais à vontade?
Jesus (*ver também* Cristo)	Aspecto humano da divindade. Salvação. Cura.	Qual parte do meu eu está preparada para ser salva?
Jipe (*ver também* Veículo)	Rudeza. Utilidade. Eficiência.	Onde, na minha vida, tenho de ser rude para alcançar o meu objetivo?
João-ninguém	Alienação. Protesto.	Qual parte do meu eu quer mais amor e atenção?
Joelho (*ver também* Partes do corpo)	Flexibilidade. Humildade.	Onde, na minha vida, é necessário que eu me dobre?
Jogo	Recompensa. Esperança de reconhecimento.	Onde, na minha vida, estou preparado para vencer?

Jogo de bola (*ver também* Esportes)	Integração das consciências individual e coletiva. Competição saudável.	Do que eu quero ser parte? Com que grupo estou me identificando?
Jóia	Tesouro. Essência. Precioso.	O que tem valor? O que eu valorizo em mim mesmo?
Jornada (*ver* Viagem)		
Juiz	Tomada de decisão. Sabedoria ou condenação.	Que decisão eu estou pronto para tomar? Que parte do meu eu é sábia e passível de ser conhecida?
Julgamento	Teste. Resolução de conflito.	O que está em questão?
Jurista (*ver* Advogado)		
Ku Klux Klan	Terrorismo secreto. Preconceito.	Quais são os medos ou julgamentos ocultos que estou me preparando para confrontar?
Labirinto (*ver* Confusão)		

Imagem	Associações	Pergunte a si mesmo
Laboratório	Exploração. Exame imparcial.	O que eu estou procurando?
Lacaio	Energia e atividade masculinas.	Com que união estou prestes a me comprometer?
Lagarto (*ver também* Animais selvagens)	Sangue frio. Desprezível.	Onde, na minha vida, estou pronto para mostrar mais calor?
Lago (*ver também* Água)	Emoção contida. Muitas vezes, sensação de tranqüilidade e paz.	Quais sentimentos eu domino com tranqüilidade?
Lama (*ver também* Água)	Sentimentos confusos. Fertilidade. Atolado.	Quais são as emoções que estou preparado para limpar? O que está aumentando?
Lamaçal (*ver também* Água)	Emoções pequenas mas confusas.	Quais são os pequenos desconfortos que estou sentindo?
Lança (*ver também* Arma)	Projétil que fere. Ataque de uma pequena distância.	Quais são os medos que estou pronto para examinar mais de perto?
Lápide	Memória. Registro.	Como eu quero ser lembrado? O que deixo para trás?
Lar (*ver também* Casa)	Centro do ser. Eu espiritual.	Onde reside o meu espírito?

Lareira (*ver também* Casa)	Fonte de energia, calor, centro espiritual do eu.	O que é fundamental para mim? O que me aquece?
Larva (*ver* Verme)		
Lata	Preservação.	O que eu desejo manter?
Latino	Espontaneidade. Relaxamento. Volatilidade.	O que eu desejo mudar? Qual parte do meu eu é impulsiva?
Lavanderia (*ver também* Roupas; Limpeza)	Limpeza. Purificação. Libertação.	O que eu estou pronto para limpar? O que ficou manchado com o uso?
Leão (*ver também* Animais selvagens)	Nobreza. Força. Orgulho.	Onde a coragem habita em mim?
Leão-marinho (*ver* Morsa)		
Leite (*ver também* Comida)	Amor materno. Sustento. Bondade.	Qual parte do meu eu está se desenvolvendo e busca nutrição?
Leitura (*ver também* Livro; Livraria)	Explorar realidades alternativas ou escapar do presente.	Quais são os mundos que existem dentro de mim? O que me oprime?

Imagem	Associações	Pergunte a si mesmo
Lésbica (*ver* Homossexual)		
Lesma	Preguiçoso. Não-desenvolvido.	O que quer tomar forma em mim?
Leste	Começo. Verdade antiga.	Para onde estou me dirigindo?
Levantamento de peso	Força desenvolvida através do esforço. Tornar leve uma carga.	Como as minhas responsabilidades me revigoram?
Libélula	Liberdade e beleza de espírito.	Em qual parte da minha vida estou preparado para voar livremente?
Limo (*ver* Lama)		
Limpeza	Restauração da ordem. Purificação. Manutenção.	Do que eu cuido? O que estou restaurando?
Limusine (*ver também* Veículos)	Poder do luxo. Extravagância.	Onde, na minha vida, estou pronto para ser conspícuo na minha expressão de poder?
Língua (*ver também* Partes do corpo)	O prazer do sabor.	O que eu estou ansioso para experimentar?

Linha	Debilidade. Fragilidade.	Em que eu estou pronto para ficar forte?
Listras	Ordem. Esforço organizado.	Qual é a tendência que eu estou querendo — ou não querendo — seguir?
Livraria	Informação corrente. Conhecimento disponível.	Qual é a informação que eu estou procurando por aí?
Livre ou Liberdade	Independência. Liberação.	Que parte de mim eu estou pronto para liberar?
Livro	Informação. Orientação. Registro.	O que eu estou tentando descobrir? Para onde estou olhando?
Lixa	Abrasividade.	Quais são as asperezas que eu quero eliminar?
Lixo	Limpar, esvaziar.	De que eu estou pronto para me livrar?
Lobisomem	Instintos monstruosos.	Qual parte do meu eu é supercivilizada? Onde, na minha vida, meus instintos são reprimidos?

Imagem	Associações	Pergunte a si mesmo
Lobo (*ver também* Animais selvagens)	Instinto. Apetite. Ameaça. Lealdade.	Quais são os instintos que constituem uma ameaça para mim? Quais são as minhas lealdades instintivas?
Lodo	Emoções impuras.	Quais sentimentos eu estou preparado para purificar?
Loteria (*ver também* Jogo)	Oportunidade. Boa sorte. Risco.	Onde, na minha vida, eu procuro um grande benefício a baixo custo?
Louco	Perda total de controle. Estar livre de responsabilidades.	O que me mantém lúcido? O que acontecerá se eu perder isso?
Loura (*ver também* Morena; Ruiva)	Encanto. Artifício. Frivolidade.	Qual parte do meu eu quer aproveitar melhor a vida?
Lua	Emoção. Reflexão. Eu interior.	Quais são os sentimentos que eu reflito?
Lugares altos	Realização. Maior compreensão.	O que eu quero realizar? Onde eu devo ir para realizar isso?
Lula	Cautela. Estrangulamento.	Onde, na minha vida, eu estou pronto para ser visto ou para falar em público?

Luta	Resolução violenta. Liberação de energia.	Qual é o conflito que eu estou armando ou liberando?
Lutar	Trabalho com força e energia.	Com o que eu estou lutando para compreender ou controlar?
Lutar boxe	Força. Poder. Energia.	Onde, na minha vida, eu quero ser forte ou positivo?
Luxúria (*ver também* Sexo)	Ânsia de posse.	O que vai me satisfazer? Onde, na minha vida, não há preenchimento?
Luz	Iluminação. Visão.	O que eu estou preparado para ver?
Macacão (*ver também* Roupas)	O habitual. Firmeza. Proteção.	O que eu escondo? Qual trabalho é difícil para mim?
Macaco (*ver também* Animais selvagens)	Destreza. Travessura. Humor.	Qual é a parte do meu eu que é quase humana?
Machado	Romper decididamente.	O que eu estou pronto para cortar fora?
Madeira (*ver também* Madeiramento; Árvore)	Crescimento.	Qual é a minha forma natural?

Imagem	Associações	Pergunte a si mesmo
Madeiramento (*ver também* Madeira)	Suprimentos para o crescimento.	O que eu estou construindo ou edificando?
Madrasta (*ver também* Mãe)	Substituta na alimentação e nos cuidados.	O que eu aprovo ou desaprovo em mim mesmo?
Mãe	Criação. Aprovação ou desaprovação.	Do que eu cuido em mim mesmo?
Mágico	Ocupado com o controle dos mundos ou forças internos e externos. Transformação.	Quais são os poderes que eu controlo — ou que temo?
Mágoa	Trabalho com desgosto. Tristeza.	Que velhas dores eu desejo curar?
Maiô (*ver* Roupa de banho)		
Malas (*ver também* Bagagem)	Pertences. Crenças.	O que se estou levando comigo? O que em estou preparado para deixar para trás?
Malha de balé (*ver também* Roupas)	Dar forma. Firmar.	O que eu posso mostrar com segurança?
Mancar	Trabalho com liberdade de movimento. Parcialidade.	Que tipo de equilíbrio eu estou procurando? Que lado eu estou desenvolvendo?

Mandala	A totalidade do eu. Integridade.	Onde, na minha vida, eu estou preparado para expressar a totalidade do meu ser?
Mangueira (*ver também* Água)	Flexibilidade. Fluxo de emoção.	Será que eu comunico bem os meus sentimentos?
Mansão (*ver também* Casa)	Residência expansiva do eu.	Qual parte do meu eu precisa de mais espaço?
Manteiga	Riqueza. Sabor.	De que recompensas eu tenho fome?
Mantimentos (*ver também* Comida)	Nutrir. Necessidades.	Do que eu preciso para me sentir bem abastecido?
Manto (*ver também* Roupas)	Proteção mágica. Segredo.	Qual parte do meu eu é invisível?
Mão (*ver também* Partes do corpo)	Capacidade. Competência. Ajuda.	Com o que eu estou preparado para lidar?
Mapa	Orientação. Instruções.	De que informações eu preciso para empreender a minha jornada?
Maquiagem	Imagem. Projeção feminina.	O que eu mostro ao mundo?
Máquina	Automação. Conveniência. Repetição.	De que trabalho pesado estou preparado para me livrar?

Imagem	Associações	Pergunte a si mesmo
Mar (*ver* Oceano; Água)		
Marido	Aspecto *yang* do eu. Parceiro.	Com o que eu estou comprometido?
Marinha	Controle de sentimento. Algumas vezes, indícios de homossexualidade.	Quais são as emoções que estou preparado para controlar?
Marinheiro (*ver também* Marinha)	Navegar nos mares da emoção.	De quais sentimentos estou tomando conta?
Mariposa	Se negativo, mau uso da sexualidade. Se positivo, cura sexual.	O que preciso para me sentir sexualmente saudável?
Marreta	Destruição em massa.	O que eu estou fazendo em pedaços?
Marrom (*ver também* Cores)	Mundo material. Segurança.	O que, na minha vida, precisa de organização?
Martelo	Construção. Golpear.	Onde, na minha vida, eu estou construindo ou derrubando?
Máscara	Disfarce. Persona. Atitudes.	O que eu ando escondendo? O que eu ando mostrando?

Masturbação (*ver também* Sexo)	Amor por si mesmo.	Qual é a parte de mim que eu estou preparado para aceitar e amar?
Mata (*ver* Floresta)		
Matadouro	Morte sacrificial.	Qual parte do meu eu morre para que o resto sobreviva?
Matar (*ver* Assassinato)		
Matrimônio (*ver também* Casamento)	Celebração de união.	Com o que eu me uno alegremente?
Maxilar (*ver também* Partes do corpo)	Vontade. Raiva implacável.	Onde, na minha vida, eu preciso dominar? Onde eu estou pronto para ceder?
Mecânico	Reparo. Conserto. Trabalho com o que foi danificado.	Quais são os danos que eu estou pronto a reparar?
Medicina	Cura. Antídoto.	Onde, em minha vida, estou pronto para ser saudável e inteiro?
Médico	Trabalho com cura.	Qual parte do meu eu está preparada para a cura?

Imagem	Associações	Pergunte a si mesmo
Médium	Trabalho com intuição, consciência expandida.	De que maneira busco a consciência ilimitada?
Medo	Amor não-expresso. Dúvida acerca de si mesmo.	O que eu estou pronto para aceitar em mim mesmo e nos outros?
Meia-calça (*ver* Malha de balé)		
Menina	Desenvolvimento de qualidade receptiva ou *yin*.	Em que parte da minha vida eu estou aprendendo a ser receptivo?
Menino	Poder *yang* em desenvolvimento.	Onde o poder está crescendo em mim?
Menstruação	Poder ou medo da identidade feminina.	Onde eu estou pronto para expressar mais poder natural?
Mercearia	Fonte de provisões.	O que estou preparado para prover a mim mesmo?
Mercúrio	Vivacidade. Inconstância.	Que parte do meu eu busca a estabilidade? Onde, na minha vida, eu me sinto preso?

Meretriz (*ver* Prostituta)		
Mergulhar	Mergulho na emoção.	Em quais sentimentos estou mergulhado?
Mergulho	Mergulho nas profundezas da emoção.	Quais sentimentos estou preparado para examinar profundamente?
Mesa	Lugar de atividade.	O que eu estou pronto para examinar ou fazer?
Metal	Resistência. Rigidez. Resolução.	Onde, na minha vida, tenho de permanecer firme?
Metrô	Movimento rápido através do inconsciente.	Quais são os impulsos poderosos dos quais posso fazer uso consciente?
Microfone	Comunicação.	Onde, na minha vida, eu estou pronto para falar alto?
Microondas	Processamento acelerado.	De que eu tenho pressa?
Mijo ou Mijar (*ver* Urinar)		
Milagre	Maravilha sobrenatural.	Onde, na minha vida, sinto a perfeição do meu ser?
Militar	Trabalho com agressão.	Onde, na minha vida, sou ameaçado? O que me dá forças?

Imagem	Associações	Pergunte a si mesmo
Ministro	Trabalho com compaixão para tomar conta dos outros.	Onde, na minha vida, eu estou pronto para ser mais compreensivo?
Minotauro	União das naturezas animal e humana.	Onde, em minha vida, o impulso cego é uma ameaça para mim?
Mobília (*ver também* Casa)	Identidade. Atitudes. Crenças.	Como devo mobiliar a casa do meu eu?
Mochila	Opiniões ou responsabilidades fáceis de carregar. Sobrevivência.	O que eu consigo carregar convenientemente? Em que medida minhas crenças são compatíveis?
Moço ou Mocidade	Imaturidade. Vitalidade.	Qual parte do meu eu está florescendo?
Moedas	Pequeno valor. Mérito menor.	O que tem valor significativo para mim? Em que parte da minha vida minha atenção é desviada por preocupações menores?
Moinho de vento (*ver também* Vento)	Poder de movimento. Força estimulante.	Quais são os pensamentos poderosos que estão se levantando dentro de mim?
Monge	Retirada. Vida espiritual.	Qual parte do meu eu precisa retirar-se das exigências da vida?

Monstro	Negação do eu. Ameaça.	Do que eu tenho medo em mim mesmo?
Montanha	Aspiração. Sucesso através do esforço.	O que eu estou preparado para realizar?
Montanha-russa	Altos e baixos. Emoções. Viagem emocionante mas segura.	Por qual excitação eu anseio?
Monumento	Trabalho com valor ou reconhecimento.	O que eu valorizo em mim mesmo? Como desejo ser lembrado?
Morcego (*ver também* Animais selvagens)	Noturno. Assustador. Agudamente sensitivo.	Qual é a escuridão em que estou disposto a navegar ou a explorar?
Morena (*ver também* Loira; Ruiva)	Sufocante. Natural. Prática.	Onde, na minha vida, eu quero estar com os pés no chão?
Morsa (*ver também* Animais selvagens)	Muita sensibilidade.	Onde, na minha vida, estou disposto a ser menos ameaçador?
Morte	Fim de um ciclo.	O que se acabou?

Imagem	Associações	Pergunte a si mesmo
Mosteiro	Comunidade espiritual. Retirar-se dos assuntos mundanos.	Onde, na minha vida, eu procuro juntar-me aos meus pares espirituais?
Motel (*ver* Hotel)		
Motocicleta (*ver também* Veículos)	Virilidade. Vigor. Exibição.	Será que eu sou bom mesmo? Onde, na minha vida, estou preparado para ser mais altivo?
Motoniveladora	Mudanças elementares.	Quais as mudanças básicas que eu estou me preparando para fazer?
Mover-se	Nova vida. Um novo começo.	O que há para mim à minha frente? O que eu estou pronto a deixar para trás?
Mudo	Representação. Vazio.	O que falta nos meus relacionamentos? Para que eu estou sozinho?
Mula (*ver também* Animais domésticos)	Obstinado. Intratável. Resistência.	Onde, na minha vida, eu estou preparado para perseverar?

Muletas (*ver também* Aleijado; Deficiente)	Fraqueza insuportável.	Em que área eu estou procurando liberdade de movimentos?
Mulher	Aspecto feminino. Receptividade.	Onde, na minha vida, estou pronto para ser mais receptivo?
Multidão	Multiplicidade de alternativas. Opções.	Quais são as minhas escolhas?
Múmia	Reverência pelo passado. Sabedoria antiga.	O que eu quero preservar ou recordar? O que perdura em mim?
Músculos (*ver também* Partes do corpo)	Poder. Força.	Em que aspectos da minha vida estou preparado para ser mais poderoso?
Musgo	Quietude. Crescimento lento.	Onde, na minha vida, eu estou preparado para ser mais paciente?
Música	Harmonia. Expressão.	O que eu estou integrando?
Nadar (*ver também* Água)	Movimento através do sentimento, freqüentemente com a sensação de realização. Emoção como ambiente.	Qual é o estado emocional profundamente satisfatório para mim? Qual o apoio emocional que eu procuro?

Imagem	Associações	Pergunte a si mesmo
Nádegas (*ver também* Partes do corpo)	Humildade. Estupidez. Poder.	Estarei sendo um idiota? O que eu preciso perdoar em mim mesmo?
Namorada	Ideal feminino.	O que eu admiro numa mulher? Qual aspecto feminino eu estou preparado para integrar?
Namorado	Ideal masculino.	O que eu admiro num homem? Quais as qualidades masculinas que eu estou preparado para integrar?
Nariz (*ver também* Partes do corpo)	Conhecimento instintivo.	A que isso está me cheirando? O que eu sei sem saber?
Nascer do sol	Despertar. Começo. Esperança.	Onde, na minha vida, eu estou pronto para começar outra vez?
Nascimento (*ver* Bebê)		
Natal	Celebração. Espírito de festividade e luz. Reunião.	O que eu estou celebrando? Com o que eu desejo me reunir?

Natimorto	Fracasso em confiar. Perda da inocência.	Onde eu preciso começar outra vez?
Nativo	Eu intuitivo. Harmonia com a natureza. Ser primordial.	Onde, na minha vida, eu busco sintonia com a natureza?
Nativo americano	Estoicismo. Sabedoria natural. Astúcia.	O que está indomado em mim? Onde, na minha vida, eu quero me libertar de controles?
Naufrágio (*ver* Barco; Destroço)		
Náusea (*ver* Enjôo no mar; Vômito)		
Navalha	Penetrante. Agudeza. Fio.	O que eu quero cortar ou tornar uniforme?
Nazista	Controle totalitário. Sentimentalismo.	Quais as reações extremas que eu estou preparado para corrigir?
Neblina (*ver também* Água)	Expansão delicada de sentimento. Frio e confortável.	Qual é o campo emocional que me cerca?
Neve	Pureza. Emoção em suspensão. Claridade. Fins e começos.	O que terminou? Onde, na minha vida, eu quero começar de novo?

Imagem	Associações	Pergunte a si mesmo
Nevoeiro	Visão limitada. Confusão.	Onde, na minha vida, estou procurando clareza?
Ninho	Segurança. Conforto.	Onde em minha vida busco proteção? O que me conforta?
Nó (*ver também* Dar nó)	Restrição. Manter junto.	O que em mim está amarrado?
Noite	Mistério. Conteúdo inconsciente. Visão interior.	Em que escuridão eu estou preparado para penetrar?
Noiva	Receptividade feminina.	O que eu estou preparado para receber?
Noivo	Atividade masculina.	Energia. A que união eu estou pronto a me submeter?
Norte	Morte e transformação. Esforço.	Com o que eu quero acabar, custe o que custar?
Nove (*ver também* Números)	Bênçãos ocultas. Consumação. Compaixão.	O que me é revelado?
Nu	Exposto. Vulnerável.	Onde eu estou preparado para ser visto?

Números (*ver também* pelo nome dos números)	Falta-nos uma tradição cultural consistente para a interpretação dos números. Se um determinado número aparece repetidamente num sonho, ou se ele é destacado; primeiro pergunte-se qual o significado pessoal que esse número tem para você. Ele pode dizer respeito a uma data importante da sua vida, a um endereço ou a uma data de nascimento importantes, ou a outros eventos ou experiências. Comece identificando essas associações pessoais. Os verbetes referentes aos nomes dos números trazem uma interpretação conhecida dos números — do um ao dez e mais o onze, o vinte e dois e o trinta e três. A consciência do sonho sempre está faminta de material novo; esse sistema pode ser facilmente digerido se você achar que ele é importante.	
— *Um*	Começo. Unidade. Essência. Vontade individual.	Quem sou eu?
— *Dois*	Dualidade. Oposição. Equilíbrio. Parceria.	Como eu me relaciono?
— *Três*	Trindade. Equilíbrio de opostos. Sociabilidade.	Como eu integro as minhas diferenças?
— *Quatro* (*ver também* Quadrado)	Estabilidade. Matéria. Força. Esforço mundano.	Em que parte da minha vida eu sou mais estável?
— *Cinco*	Quintessência. Mudança. Celebração.	O que está evoluindo em mim?

Imagem	Associações	Pergunte a si mesmo
— *Seis*	Expansão. Organização. Harmonia. Domesticidade.	Com o que eu estou preparado para me comprometer?
— *Sete*	Energia à qual se deu forma. Ciclos de crescimento. Disciplina.	O que eu estou pronto para aprender?
— *Oito*	Eternidade. Abundância. Poder. Consciência cósmica.	O que estou ansioso para receber?
— *Nove*	Bênçãos ocultas. Consumação. Compaixão.	O que me é revelado?
— *Dez*	Novo começo numa oitava acima.	O que eu aprendi?
— *Vinte e dois*	Missão terrena. O eu e os outros.	Em que eu confio?
— *Trinta e três*	Salvação e tentação.	Onde, na minha vida, fui bem-sucedido ou fracassei?
Nuvens	Transição. Podem ser escuras ou claras. Confusão.	Através de que eu estou me movendo?
Oásis	Lugar de refúgio e descontração.	Onde, na minha vida, estou buscando um santuário?

Obliquamente	Abordagem indireta.	Onde, na minha vida, eu quero ir mais diretamente ao assunto?
Obstáculo	Crescimento interrompido ou bloqueado.	Será que eu tenho crescido na direção errada? Sinto-me bloqueado?
Oceano (*ver também* Água)	Sentimentos generosos, ilimitados. Algumas vezes, uma emoção avassaladora. Rico. Vida com fartura.	Qual parte do meu eu tem relação com uma vastidão dessas?
Óculos	Visão. Atitude. Crença.	Qual é a correção necessária para que eu enxergue com clareza?
Óculos escuros	Proteção. Charme.	Como eu quero ser visto? De que visão preciso me proteger?
Odor (*ver* Cheiro)		
Oeste	Fim. Morte. Retorno ao começo.	Para onde estou me dirigindo?
Oito (*ver também* Números)	Eternidade. Fartura. Poder. Consciência cósmica.	O que eu estou ansioso para receber?
Óleo	Lubricidade. Escorregadio.	O que eu quero desgrudar? Onde estou buscando mais liberdade de movimentos?

Imagem	Associações	Pergunte a si mesmo
Oleoso	Untuosidade. Lisonja.	Onde, na minha vida, eu estou preparado para ser mais direto?
Olho (*ver também* Partes do corpo)	Visão. Consciência. Clareza.	Do que tenho consciência? Como vejo o mundo?
Olho d'água (*ver também* Água)	Fonte. Começo.	Onde, na minha vida eu estou permitindo uma nova expressão para os meus sentimentos?
Ombros (*ver também* Partes do corpo)	Força ou cargas.	O que eu estou preparado para carregar? O que é pesado demais para mim?
Ônibus (*ver também* Veículos)	Viagem compartilhada. Trânsito coletivo.	Como o meu poder pessoal se relaciona com a consciência coletiva?
Onze (*ver também* Números)	Inspiração. Revolução. Oitava superior de dois.	O que eu estou preparado para mudar?
Ópera	Forma elaborada ou complexa. Épico.	Que grandeza estou buscando na minha vida?
Operação (*ver* Cirurgia)		

Oração	Comunhão. Buscar ajuda.	Onde, na minha vida, eu estou preparado para me submeter?
Oráculo	Profecia. Ambigüidade. Charada.	O que está se tornando claro para mim? O que eu posso decifrar com sucesso?
Órfão	Falta de proteção. Isolamento.	Quais são as interligações profundas que estou me preparando para fazer?
Orgasmo (*ver também* Sexo)	Consumação.	O que, na minha opinião, está completo?
Orgia (*ver também* Sexo)	União indiscriminada.	Onde, na minha vida, eu estou preparado para ter a experiência da unidade de tudo?
Oriental (*ver também* Leste)	Sabedoria oriental. Sutileza.	Onde, na minha vida, a sabedoria está se desenvolvendo para mim?
Orquídea	Encantamento exótico.	O que em mim é belo de uma forma única? Como eu me diferencio dos outros?
Orvalho (*ver também* Água)	Liberação suave da emoção.	Quais sentimentos eu posso expressar com segurança?

Imagem	Associações	Pergunte a si mesmo
Osso (*ver também* Partes do corpo)	Estrutura. Evidência. Apoio.	O que me apóia? Onde eu procuro apoio?
Ostra (*ver também* Comida)	Macio por dentro, duro por fora. Estímulo sexual.	De que eu tenho fome?
Ouro	Valor supremo. Esplendor.	O que eu valorizo? Qual parte do meu eu tem um grande valor?
Outono	Ciclo de transformação. Resultados.	Em que áreas da minha vida estou pronto para me beneficiar de meus esforços passados?
Ouvido (*ver também* Partes do corpo)	Receptividade.	A que eu estou aberto? O que estou preparado para ouvir?
Ovelha (*ver também* Animais domésticos)	Conformismo.	O que eu estou seguindo?
OVNI	Medo e alegria do desconhecido. Reinos distantes.	Onde eu estou preparado para me expandir para o interior de reinos desconhecidos?
Ovo	Nascimento em potencial. Esperanças. Totalidade.	O que eu quero desenvolver?

Pá	Desenterrar. Plantar.	O que eu estou escavando?
Pã (*ver também* Sátiro)	Divindade da Natureza.	Com que aspectos elementais da minha natureza eu estou entrando em acordo?
Pacote	Expectativa. Mistério.	O que eu estou procurando? O que eu tenho medo de encontrar?
Padrão	Ordem estabelecida.	Quais são as crenças que estou examinando?
Padrasto (*ver também* Pai)	Autoridade ou orientação substituta.	O que me controla? Do que eu cuido?
Paginador	Acesso. Disponibilidade.	Qual parte do meu eu está sempre à disposição?
Pai	Autoridade. Controle. Guia. Reconhecimento.	Do que eu cuido?
País	Mundo natural. Espaço. Necessidades e desejos básicos.	Sou supercivilizado? Sinto-me pressionado por expectativas?
Países (*ver também* Exterior)	Realidades ou atitudes alternativas.	Quais dentre as qualidades deste lugar eu encontro ou procuro em mim mesmo?
Palácio (*ver também* Casa)	Reino potencial do eu.	Como posso realizar o meu potencial?

Imagem	Associações	Pergunte a si mesmo
Palco	Apresentação. Realização.	Por que tipo de reconhecimento eu anseio? De qual reconhecimento eu tenho medo? O que eu estou preparado para mostrar ao mundo?
Palha	Comum. Forragem.	Qual é o verdadeiro valor da minha simplicidade? Onde eu procuro o meu ouro interior?
Palhaço	Cura por meio do riso. Freqüentemente, alegria doce-amarga.	Preciso sofrer para ser feliz?
Palmada	Força de atenção.	O que eu desejo ou temo que atraia a atenção?
Pancada	Resistência à mudança.	Onde, na minha vida, eu estou pronto para largar o controle?
Panela	Equipamento básico. Utensílio.	O que eu estou apto a preparar?
Pântano (*ver também* Água)	Sentimentos túrgidos e avassaladores.	Quais os velhos padrões emocionais que estão começando a mudar para mim?

Pantera (*ver também* Animais selvagens)	Beleza selvagem. Graça.	Qual é a força que eu desejo — ou temo — libertar?
Pão (*ver também* Comida)	Sustento. Recursos compartilhados. Unir.	Qual a camaradagem que me alimenta?
Papagaio	Imitativo. Bem-humorado. Exótico.	Onde, na minha vida, falta-me originalidade?
Papai Noel	Crença. Conseguir o que se deseja.	O que eu acho que quero?
Parada	Exibição fantasiosa. Opções.	Qual parte do meu eu quer ser vista?
Parafuso	Interligação forte.	O que eu estou me preparando para interligar?
Paraíso (*ver* Céu)		
Paralisia	Resistência. Não mudar ou não crescer.	Qual movimento estou me preparando para fazer?
Paranóia	Trabalho com medo obsessivo.	Qual força interior eu estou preparado para reconhecer?
Pára-quedas	Resgate. Libertação.	Do que eu estou escapando? Onde eu quero pousar?
Pára-quedista	Invasão. A emoção do perigo físico.	Que territórios eu quero encontrar?

Imagem	Associações	Pergunte a si mesmo
Parasita	Trabalho com independência.	Onde eu estou preparado para subsistir por mim mesmo?
Parede (*ver também* Casa)	Barreira. Defesa. Separação. Proteção.	O que eu estou pronto para integrar? Que separação me é necessária?
Parentes	Aspectos não reconhecidos do eu.	Quais partes do meu ser eu estou preparado para reconhecer?
Partes do corpo (*ver também* nomes das partes do corpo)	Forma externa da natureza interior.	Qual é a parte importante?
— *Ânus*	Eliminação.	Do que eu quero me livrar?
— *Artelhos*	Início, especialmente de movimento.	Estou me preparando para ir aonde?
— *Boca*	Alimentação. Novas atitudes.	O que eu estou pronto para absorver? O que eu estou preparado para exprimir?
— *Braços*	Força. Estar preparado.	Para que estou preparado ou para que estou me preparando? O que estou preparado para dar e receber?
— *Cabeça*	Intelecto. Compreensão. Superior.	O que eu estou preparado para compreender?

— *Cabelos*	Proteção. Atração. Sensualidade.	O que eu estou encobrindo? O que eu demonstro?
— *Cérebro*	Intelecto. Mente. Razão.	O que estou pronto para compreender?
— *Coluna vertebral*	Apoio. Responsabilidade.	O que me segura?
— *Coração*	Amor. Segurança.	Onde, na minha vida, estou pronto para dar e receber amor?
— *Costas*	Inconsciente. "Lá no fundo."	O que está acontecendo que eu não consigo ver?
— *Couro cabeludo* (*ver* Pele; Cabelo)		
— *Coxas*	Poder de movimento.	Sou suficientemente forte para chegar aonde eu quero ir?
— *Dedo*	Sensibilidade. Percepção.	O que estou tocando?
Dentes	Independência. Poder. Capacidade de se alimentar e de se comunicar.	Onde, na minha vida, eu tenho medo da dependência? O que eu quero dizer?
— *Entranhas*	Força. Energia.	De que fonte eu retiro a minha energia?
— *Esqueleto*	Trabalho com apoio ou estrutura. Restos.	Em que parte da minha vida me sinto desligado ou desmoronando?

Imagem	Associações	Pergunte a si mesmo
— *Estômago*	Digestão de informações ou de circunstâncias. Compreensão.	Que utilidade eu posso tirar da minha experiência?
— *Garganta*	Comunicação. Criatividade. Confiança.	O que estou preparado para ouvir e para dizer?
— *Joelhos*	Flexibilidade. Hùmildade.	Onde, na minha vida, é necessário que eu me dobre?
— *Língua*	O prazer do sabor.	O que eu estou ansioso para experimentar?
— *Mão*	Capacidade. Competência. Ajuda.	Com o que eu estou preparado para lidar?
— *Maxilar*	Vontade. Raiva implacável.	Onde, na minha vida, eu preciso dominar? Onde eu estou pronto para ceder?
— *Músculos*	Poder. Força.	Em que aspectos da minha vida eu estou preparado para ser mais poderoso?
— *Nádegas*	Humildade. Estupidez. Poder.	Estarei sendo um idiota? O que preciso perdoar em mim mesmo?
— *Nariz*	Conhecimento instintivo.	A que isso está me cheirando? O que eu sei sem saber?

— *Olhos*	Visão. Consciência. Clareza.	Do que tenho consciência? Como vejo o mundo?
— *Ombros*	Força ou cargas.	O que eu estou preparado para carregar? O que é pesado demais para mim?
— *Ouvido*	Receptividade.	A que eu estou aberto? O que estou preparado para ouvir?
— *Pé*	Pés-no-chão. Direção. Crenças básicas.	Para onde estou indo?
— *Peito* (*ver também* Coração; Pulmões)	Plenitude de vida. Generosidade.	O que eu quero viver completamente?
— *Pele*	Superfície do Eu superior. Sensibilidade. Ligação entre o interior e o exterior.	O que está na superfície?
— *Pêlo*	Proteção. Calor. Luxo. *Status*.	O que me cobre?
— *Pênis*	Sexualidade masculina. Poder *yang*.	Como é expresso o meu poder?
— *Pernas*	Apoio. Movimento.	O que me apóia? Estou indo para algum lugar?
— *Pescoço*	Flexibilidade, especialmente de visão.	O que eu conseguirei enxergar se fizer uma pequena correção?

Imagem	Associações	Pergunte a si mesmo
— *Pestanas*	Proteção da visão. Sedução.	Estarei enxergando bem? O que eu posso observar com segurança? O que eu mostro ao mundo?
— *Pulmões*	Sopro de vida. Liberdade.	De que maneiras minha vida está prestes a se expandir?
— *Rosto*	Identidade. Ego. Auto-imagem.	Qual é a minha aparência?
— *Seios*	Amamentação. Sexualidade feminina. Amor materno.	O que eu estou alimentando? Qual parte do meu eu precisa ser amada?
— *Testículos*	Poder *yang*. Masculinidade.	Que poder eu estou preparado para expressar?
— *Tornozelo*	Suporte. Direção.	Para onde eu estou indo?
— *Unhas*	Manuseio seguro. Encantador ou funcional.	O que eu estou preparado para manusear ou o que eu procuro não fazer?
— *Vagina*	Sexualidade feminina. Receptividade *yin*.	O que eu recebo? O que me recebe?
Passaporte	Liberdade de movimento. Identidade.	Qual parte do meu eu quer se expandir e explorar?

Pássaro	Liberdade. Fuga. Liberação do peso do plano físico.	Qual parte do meu eu quer voar?
Pasta para papéis	Atitudes e crenças sobre trabalho e negócios. Identidade profissional.	Como o meu trabalho me satisfaz ou limita?
Pata (*ver também* Animais domésticos; Animais selvagens)	Lidar com instintos animais.	Onde, na minha vida, eu estou preparado para confiar na minha intuição?
Patinar (*ver também* Gelo)	Movimento rápido com grande facilidade. Graça.	Através do que eu estou preparado para me mover com facilidade?
Patins de gelo	Movimentos rápidos e fáceis. Emoções.	Qual é a nova liberdade que me excita?
Pátio (*ver* Convés)		
Pavão	Orgulho e vaidade. Exibição.	O que eu quero que seja visto ou admirado?
Pé (*ver também* Partes do corpo)	Pés-no-chão. Direção. Crenças básicas.	Para onde eu estou indo?
Peça teatral	Desempenho. Roteiro ou produção de vida.	Quais são as mudanças que estou considerando para meu roteiro de vida?

Imagem	Associações	Pergunte a si mesmo
Pedestal	Apoio. Presunção. Exibição. Admiração.	O que eu quero ou temo demonstrar? O que eu respeito?
Pedra (*ver também* Rocha)	Essência. Eu elementar. Solidez.	Qual é a parte sólida ou impenetrável do meu eu?
Pedras preciosas	Exibição. Riqueza. *Status.*	Qual é o meu valor? Como o demonstro?
Pedregulho (*ver também* Rocha; Pedra)	Utilidade. Comum.	Em que parte da minha vida estou preparado para ser prático?
Peito (*ver também* Partes do corpo; Coração; Pulmões)	Plenitude da vida. Generosidade.	O que eu quero viver completamente?
Peixe	Emoção. Liberdade de ação quanto a sentimentos. Eu interior.	O que eu sinto?
Peixe-voador (*ver também* Peixe)	Liberdade de sentimentos.	Que experiências ou emoções me fazem voar?
Peixinho dourado (*ver também* Peixe; Ouro)	Manutenção baixa. Impermanência.	Quais são as pequenas coisas que me dão prazer?

Pele (*ver também* Partes do corpo)	Superfície do Eu superior. Sensibilidade. Ligação entre o interior e o exterior.	O que está na superfície?
Pele de animal	Proteção. Calor. Luxo. *Status*.	O que me cobre?
Pena	Ausência de esforço. Delicadeza.	O que é fácil para mim? O que excita a minha fantasia?
Penhasco	Desafio. Altura vertiginosa.	A que eu aspiro?
Pênis (*ver também* Partes do corpo)	Sexualidade masculina. Poder *yang*.	Como o meu poder é expresso?
Pequeno	Menor do que o normal. Reduzido. Insignificante.	Onde, na minha vida, me sinto diminuído? O que estou pronto para reduzir?
Perdido	Sem direção. Faltando.	Onde, na minha vida, me falta confiança?
Perfume	Luxúria. Sensualidade. Bálsamo.	O que me gratifica? Onde, na minha vida, eu busco mais prazer?
Perigo	Mudança ameaçadora.	O que eu estou com medo de perder se eu mudar?

Imagem	Associações	Pergunte a si mesmo
Perna (*ver também* Partes do corpo)	Apoio. Movimento.	O que me apóia? Estou indo para algum lugar?
Pérola (*ver também* Jóia)	Pureza. Tesouro. Transformar irritação em beleza.	O que eu valorizo? Como isso é criado?
Perseguição	Poder negado.	Qual é a parte do meu eu que me assusta? Onde a minha força pode se expressar com segurança?
Personagem de história em quadrinhos	Caricatura.	Que elementos de mim mesmo eu considero divertidos ou tolos?
Pescaria (*ver também* Peixe)	Buscar alimento embaixo ou dentro.	O que eu espero fisgar?
Pescoço (*ver também* Partes do corpo)	Flexibilidade, especialmente da visão.	O que eu conseguirei enxergar se fizer uma pequena correção?
Pessoa de cor (*ver* Afro-americano)		
Pestanas (*ver também* Partes do corpo)	Proteção da visão. Sedução.	Será que enxergo bem? O que eu sou capaz de observar com segurança? O que eu mostro ao mundo?

Picador de gelo	Sentimentos frios.	Que sentimentos estão congelados em mim?
Picareta	Rompimento de velhas estruturas.	Qual é a direção que eu estou preparado para mudar?
Pico (*ver também* Montanha)	Ponto de sucesso. Realização.	Para onde eu estou me dirigindo?
Piloto	Trabalho com liberdade de movimento e mudança.	Qual é o destino em cuja direção estou me apressando?
Pintura (*ver também* Arte; Artista)	Transformação. Decoração.	O que eu quero mudar ou melhorar?
Piquenique	Refeição jovial.	Onde, na minha vida, estou preparado para ser mais despreocupado?
Pirâmide	Comunicação com a consciência superior. Sabedoria ancestral.	Que alturas de consciência estou procurando?
Pirata	Fora-da-lei. Rejeição das regras e obrigações sociais.	Quais regras eu rejeito? Onde eu me sinto amarrado pela sociedade?
Pirilampo (*ver* Vaga-lume)		

Imagem	Associações	Pergunte a si mesmo
Piscina (*ver também* Água)	A água do sentimento contida pela ordem cultural. Segurança.	Qual o sentimento que eu desejo conter com segurança?
Pistoleiro	Criminoso. Lei do mais forte.	Quais as novas leis que eu quero estabelecer para mim?
Planejador	Organização. Forma.	Quais novos planos eu estou pronto para formular?
Planetas	Harmonia e influência cósmicas. Ordem celestial.	Estou em harmonia ou em desarmonia com o poder celestial?
Plantas	Natureza. Processo natural, Fertilidade.	O que está crescendo em mim?
Plástico	Artificialidade. Substituto barato. Elasticidade.	O que é realmente para valer?
Plataforma	Posição. Palco.	O que eu quero apresentar?
Pneus (*ver também* Veículos)	Almofada. Amortecedor.	Onde, na minha vida, eu preciso suavizar o meu caminho?
Pobre	Expressão limitada de recursos.	O que estou pronto para desenvolver?
Poço (*ver também* Água)	Fonte. Recursos compartilhados.	Quais os sentimentos que eu estou preparado para compartilhar?

Poda	Eliminação de velhas conquistas.	Que velharias estou disposto a cortar?
Poeira	Aridez. Potencial de crescimento.	Onde, na minha vida, eu impedi o fluxo dos sentimentos?
Poesia	Quintessência do significado.	O que é essencial para mim?
Polícia	Trabalho com ordem ou controle.	Onde, na minha vida, eu busco ordem ou temo o controle?
Político	Trabalho com política. Escolher um lado. Manipulação.	De que lado eu estou? Em que sentido eu quero ganhar?
Pólo Norte	Ponto de transformação. Fim da jornada.	O que acabou ou está completo para mim?
Polvo	Tímido. Avaro.	A que eu preciso me agarrar?
Pomba (*ver também* Pássaro)	Sentir-se vítima.	Onde, na minha vida, eu estou preparado para assumir responsabilidade por mim mesmo?
Pombo	Paz. Resolução de conflito.	Que problemas eu estou preparado para solucionar?
Ponte	Ligação. Superação de problemas.	O que eu estou pronto para atravessar?

Imagem	Associações	Pergunte a si mesmo
Porão (*ver também* Casa)	Embaixo. O inconsciente.	Que parte do meu inconsciente está pronta para ser vista?
Porcelana (*ver* Pratos)		
Porco (*ver também* Animais domésticos)	Guloso. Esperto. Às vezes desmazelado, às vezes aborrecido.	Estou querendo mais do que preciso ou posso usar? Costumo limpar a minha própria sujeira?
Pôr-do-sol	Descanso. Término do ciclo. Liberação.	O que eu realizei?
Pornografia (*ver também* Sexo)	Trabalho com intimidade. Sexo anônimo.	Qual é a parte do meu eu que eu tenho medo de expor?
Porquinho-da-índia (*ver também* Animais domésticos)	Fecundidade. Responsabilidade.	Com o que estou aprendendo a me preocupar?
Porta (*ver também* Casa)	Acesso. Movimento de uma área a outra.	Em que espaço eu estou pronto para entrar? Que espaço eu estou preparado para manter só para mim?
Porto (*ver também* Água)	Abrigo. Segurança.	Em que parte da minha vida eu encontro paz emocional?

Potro (*ver também* Animais domésticos)	Potencial. Tolice. Charme.	Onde, na minha vida, eu estou começando a compreender meu potencial?
Praia	Onde o inconsciente se encontra com o consciente.	Eu estou preparado para ter consciência do quê?
Pranto (*ver* Choro)		
Prata	Precioso. Flexível. Força espiritual.	Qual parte do meu espírito precisa de fortalecimento?
Pratos	Recipientes de nutrição.	Com o que eu estou me preparando para me sustentar?
Prêmio (*ver* Presente)		
Presente	Reconhecimento. Agradecimento.	Que parte de mim mesmo eu quero honrar? O que aprecio?
Preservativo	Proteção sexual. Tolice.	Sinto-me seguro ou tolo em relação ao sexo?
Presidente	Liderança ou falta de liderança.	Onde, na minha vida, eu estou disposto a liderar? Onde estou relutante?
Presídio	Punição. Confinamento.	Onde eu errei?

Imagem	Associações	Pergunte a si mesmo
Preto (*ver também* Cores)	Isolamento. Limite. Separação. Introspecção. Cor de transição.	Do que eu estou me separando?
Primavera	Ciclo de crescimento. Geração.	O que eu estou incubando?
Princesa	Aspecto nobre do eu. Feminilidade requintada.	O que eu admiro ou procuro nas mulheres ou em mim mesmo?
Príncipe	Aspecto nobre do eu. Masculinidade requintada.	O que eu admiro ou procuro nos homens ou em mim mesmo?
Prisão	Parada forçada. Ser pego.	Por que eu tenho medo de ser pego? Com o que eu quero parar?
Procissão	Marcha cerimonial. Pompa.	Que crenças eu estou preparado para formalizar ou observar?
Procurar (*ver também* Buscar)	Reconhecimento de desejos e vontades. Reconhecimento de uma necessidade.	O que, finalmente, eu estou preparado para encontrar?
Professor	Aprendizado. Disciplina.	O que eu quero saber?
Projeto	Alvo. Propósito.	O que eu estou disposto a realizar?
Prostituta	Insegurança. Fracasso. Perda de identidade.	De que maneira estão ameaçados a minha identidade e o meu sucesso?

Psicocinese	Poder da consciência sobre a matéria.	De que maneiras estou preparado para assumir o controle do mundo?
Pulga	Irritações pequenas e inevitáveis.	Com quais velhos problemas estou pronto para lidar?
Pulmões (*ver também* Partes do corpo)	Sopro de vida. Liberdade.	De que maneiras a minha vida está prestes a se expandir?
Púrpura (*ver* Cores, Violeta)		
Quadrado (*ver também* Quatro)	Estabilidade. Matéria. Força. Mudança súbita.	Na minha opinião, o que é estável na minha vida? Onde a minha estabilidade está a ponto de se modificar?
Quarto de dormir (*ver também* Casa)	Privacidade. Descanso. Intimidade.	Qual é a minha realidade interior?
Quatro (*ver também* Números; Quadrado)	Estabilidade. Matéria. Força. Esforço mundano.	Em que parte da minha vida sou mais estável?
Quebrar	Destruição. Mudança forçada.	Quais são os padrões ou formas que perdi com o tempo?

Imagem	Associações	Pergunte a si mesmo
Queda	Medo de fracassar. Perda de vigor. Perda de controle.	Onde, na minha vida, sinto-me fora de controle? Onde quero pousar?
Queimadura	Energia que consome. Liberação impetuosa.	Onde sou mais apaixonado?
Quente (*ver* Calor)		
Querubim	Inocência divina. Criança angelical.	Onde renasce o meu espírito?
Quiroprática	Trabalho com estrutura ou apoio.	Qual parte do meu eu quer ser forte?
Rã (*ver também* Animais selvagens)	Transformação.	Que beleza há dentro de mim?
Raça	Disputa. Rivalidade.	Qual é o meu objetivo? O que estou perdendo por estar com pressa?
Rachadura	Possibilidade.	Qual é a oportunidade que estou preparado para aproveitar?

Rádio	Ficção baseada na realidade. Comunicação.	O que estou preparado para ouvir ou dizer?
Rainha	Aspecto nobre da feminilidade.	Onde, na minha vida, estou preparado para expressar o poder feminino?
Raios X	Ver por dentro. Energias perigosas.	O que está do lado de dentro? De que tenho medo se eu for além da imagem superficial?
Raiva (*ver* Ira)		
Raízes	Enraizamento. Nutrição.	O que me liga à minha origem?
Raposa (*ver também* Animais selvagens)	Inteligência. Esperteza.	Em que confio, ou do que desconfio em mim mesmo?
Rastejar	Movimento regressivo.	Em que áreas da minha vida quero despender o meu tempo?
Rato (*ver também* Animais selvagens)	Malandro. Inteligente. Falso e indigno de confiança.	Em que parte da minha vida eu tenho medo de traição? Posso confiar em mim mesmo?
Ravina (*ver* Desfiladeiro; Vale)		

Imagem	Associações	Pergunte a si mesmo
Reboque (*ver também* Veículos)	Seguir. Impedimento.	Qual é a carga extra que carrego?
Receita	Fórmula. Padrão.	O que estou aprendendo a fazer?
Recife (*ver também* Água)	Perigo de emoções ocultas ou proteção em relação a elas.	O que existe debaixo dos meus sentimentos?
Recinto de feira	Recreação saudável. Festividade. Reconhecimento.	O que estou celebrando? O que estou reconhecendo?
Recolocar (*ver* Mover-se)		
Rede	Segurança. Enredamento.	Onde, na minha vida, estou pronto para ser destemido?
Refém	Aprisionamento a título de segurança.	O que eu ganho me distanciando de mim mesmo e dos outros?
Refrigerador	Gelar para preservar.	O que eu quero salvar?
Regras (*ver* Menstruação)		
Rei	Aspecto nobre da masculinidade.	Onde, na minha vida, estou preparado para expressar um poder masculino?

Relação sexual (*ver também* Sexo)	União. Liberação. Prazer. Criação.	Com o que eu quero me fundir? Com o que tenho medo de me fundir?
Relâmpago	Lampejo de iluminação. Visão súbita.	O que está despertando em mim?
Relicário (*ver também* Templo)	Parte sagrada do eu.	Qual parte do meu eu tem merecimento? O que eu adoro em mim mesmo?
Relógio (*ver também* Tempo; Relógio de pulso)	Pontualidade. Medida.	Quanto tempo eu tenho? O que está correndo sem parar?
Relógio de pulso (*ver também* Relógio; Tempo)	Limitação. Divisão.	Onde, na minha vida, eu quero ser despreocupado?
Remodelar (*ver também* Casa)	Reestruturar a casa do eu.	Qual parte do meu eu precisa de mais espaço ou de renovação? Como quero aparecer diante do mundo?
Reparar	Trabalho com o que foi danificado.	O que eu estou disposto a consertar?

Imagem	Associações	Pergunte a si mesmo
Representação ou Ator	Papel. Desejo de reconhecimento.	Que papel eu estou desempenhando? Estou sentindo falta de reconhecimento?
Representar	Feito. Realização.	Onde em minha vida busco reconhecimento?
Restaurante	Lugar de alimentação. Escolhas.	O que eu quero pedir?
Retardado	Trabalho com desenvolvimento e treinamento ou com educação.	Onde, na minha vida, eu quero alcançar o mesmo nível dos outros? Onde tenho medo de ficar para trás?
Reunião	Encontro com aspectos não-reconhecidos do eu.	Que parte do meu passado eu estou pronto para lembrar?
Riacho (*ver também* Água)	O fluxo de sentimento.	Que sentimentos fluem confortavelmente dentro de mim?
Rico ou Riqueza	Valor. Segurança.	O que eu quero possuir, ou tenho medo de possuir?
Rinoceronte (*ver também* Animais selvagens)	Força cega. Couraça.	O que eu estou disposto a ver ou compreender sobre o meu poder?

Rio (*ver também* Água)	Fluente e ativo. Pode incluir corredeiras perigosas; pode ser suave e tranqüilo.	Quais são os sentimentos que estão se movendo ativamente dentro de mim?
Rir	Comunicação ou liberação de alegria. Escárnio.	De que maneira estou preparado para ser mais leve? Que pressões eu quero liberar?
Robô	Aspecto mecânico do eu.	Qual é a liberdade que eu busco?
Rocha (*ver também* Pedra)	Imutabilidade. Segurança.	O que eu quero tornar permanente?
Roda	Repetição. Totalidade.	O que me impele à realização?
Rodeio	Exibição de técnica. Controle humano da força animal.	Onde eu estou preparado para exibir a minha técnica em dominar forças selvagens?
Rodovia (*ver* Estrada)		
Roldana	Movimento com esforço mínimo.	O que, para mim, é fácil de levantar?
Rosa	Bondade. Totalidade. Integração.	O que está se juntando dentro de mim?

Imagem	Associações	Pergunte a si mesmo
Rosário	Devoção. Piedade.	O que eu adoro?
Rosto (*ver também* Partes do corpo)	Identidade. Ego. Auto-imagem.	Qual é a minha aparência?
Roubo	Falta. Necessidade. Julgamento.	O que tenho medo de não poder ter ou de não merecer? O que eu tenho medo de perder?
Roupa de baixo (*ver também* Roupas)	Eu individual. Identidade sexual.	Quais são os meus sentimentos ocultos? O que eu estou pronto para expor?
Roupa de banho (*ver também* Biquíni; Roupas; Nadar; Água)	Descoberto. Confidência.	Quais são os sentimentos que estou disposto a revelar?
Roupa de criança (*ver também* Roupas)	Aspecto infantil da individualidade.	Que parte da minha vida eu quero desfrutar mais?
Roupa de verão	Exposição confortável.	Quais são os prazeres que estou procurando? Qual parte do meu eu está preparada para se descontrair?

Roupas (*ver também* nomes das roupas por ordem alfabética)	Identidade. Auto-imagem. Exploração de novos papéis ou rejeição de papéis antigos.	Qual parte de mim eu gosto de mostrar?
— *Avental*	Comum. Vigor. Proteção.	O que eu encubro? Que trabalho é pesado demais para mim?
— *Biquíni* (*ver também* Roupa de banho)	Exposição. Demonstração. Revelação.	O que eu estou disposto a deixar nu?
— *Blusa*	Eu superior, oposto ao Eu inferior. Emoções.	Que sentimentos eu considero apropriados?
— *Boina*	Crenças protegidas ou fora da moda.	Onde ou como a minha visão é restrita?
— *Bolsa*	Individualidade feminina. Às vezes, identidade sexual. Segurança.	A que eu estou me agarrando? Quais são as partes do meu eu que eu valorizo?
— *Boné*	Informal. Opiniões liberais.	Em que parte da minha vida quero ser mais tolerante?
— *Botas*	Poder de movimento. Vigor.	Qual é a forma de poder que eu procuro?

Imagem	Associações	Pergunte a si mesmo
— *Calças* (*ver* Saia ou Calças)		
— *Calcinhas* (*ver também* Roupa de baixo)	Eu privado. Identidade sexual.	Quais são os meus sentimentos ocultos? O que eu estou preparado para expor?
— *Camisa*	Eu superior, em oposição ao Eu inferior. Emoções.	Quais sentimentos considero apropriados?
— *Camisola* (*ver* Vestido; Noite)		
— *Capa*	Proteção dramática. Fantasia.	Que papel eu estou representando?
— *Capacete* (*ver também* Chapéu)	Opiniões e atitudes protegidas.	Quais são os pensamentos ou as opiniões que eu estou pronto para modificar?
— *Capote*	Proteção. Cobertura.	O que eu estou encobrindo?
— *Carteira de dinheiro*	Segurança masculina. Recursos. Identidade.	Quais sentimentos sobre segurança eu estou pronto para modificar?
— *Casaco* (*ver* Roupas)		
— *Chapéu*	Opiniões. Pensamentos.	Quais pensamentos ou atitude eu revelo?

— *Cinto*	Prender. Segurar. Ligar.	O que eu estou preparado para conectar?
— *Combinação* (roupa de baixo)	Eu interior ou individual.	O que eu quero revelar ao mundo ou tenho medo de revelar?
— *Jaqueta*	Liberdade de movimentos. Aventura.	Em que parte da minha vida busco liberdade de ação?
— Jeans	Comunidade. Conforto. Liberdade.	Onde, na minha vida, estou à vontade? Onde quero estar mais à vontade?
— *Lavanderia* (*ver também* Limpeza)	Limpeza. Purificação. Libertação.	O que eu estou pronto para limpar? O que ficou manchado com o uso?
— *Macacão* (*ver* Roupas)		
— *Malha de balé*	Dar forma. Firmar.	O que eu posso mostrar com segurança?
— *Manto*	Proteção mágica. Segredo.	Qual parte do meu eu é invisível?
— *Roupa de baixo*	Eu individual. Identidade sexual.	Quais são os meus sentimentos ocultos?
— *Roupa de banho*	Descoberto. Confidência.	Quais são os sentimentos que estou disposto a revelar?

Imagem	Associações	Pergunte a si mesmo
— *Roupa de criança*	Aspecto infantil da individualidade.	Em que parte da minha vida eu quero desfrutar mais?
— *Roupa de verão*	Exposição confortável.	Quais são os prazeres que estou procurando? Qual parte do meu eu está preparada para se descontrair?
— *Sacola* (*ver* Bolsa)		
— *Saia ou Calças*	Eu inferior. Paixões.	Que sinais estou enviando?
— *Saltos altos*	Encanto. Restrição. Convite sexual.	Em que medida sinto-me à vontade com a feminilidade convencional?
— *Sapatos*	Situação geral. Enraizamento.	Em que medida eu me conecto bem com o mundo?
— Short (*ver* Roupa de baixo)		
— *Sutiã*	Eu feminino íntimo.	Como eu expresso a minha feminilidade?
— *Terno*	Formalidade. Identidade profissional.	Por qual poder ou capacidade desejo ser reconhecido?
— *Uniforme*	Conformismo.	Onde, na minha vida, eu quero compartilhar com os outros? Onde eu quero romper com as regras?

— *Vestido*	Auto-imagem. Eu feminino.	Quem sou eu? Em que medida sou feminina?
— *Véu*	Ilusão. Mistério.	O que eu quero esconder ou revelar?
Rua (*ver* Avenida)		
Rubi	Percepção apaixonada. Intensidade. Sangue sagrado.	O que me interessa profundamente?
Ruína	Destruição completa. Barreira ao progresso.	O que ou quem quer me deter?
Ruiva (*ver também* Loura; Morena)	Tempestuosa. Dramática. Espontânea.	Onde, na minha vida, eu quero mais vitalidade?
Sabão	Limpeza. Purificação.	Será que preciso limpar a minha atuação?
Sábio	Trabalho com sabedoria ou compreensão.	Onde, na minha vida, eu quero utilizar o pensamento e o bom julgamento?
Sacerdote	Trabalho com o bem-estar religioso ou espiritual. Liberação.	O que eu estou preparado para perdoar?

Imagem	Associações	Pergunte a si mesmo
Saco de dormir	Abrigo. Calor. Proteção.	Qual parte do inconsciente eu desejo explorar com segurança?
Sacola (*ver* Roupas; Bolsa)		
Sadomasoquismo (*ver também* Sexo)	Controle da paixão ou instinto.	Como a dor faz com que eu me sinta no controle?
Saguão	Espaço público.	O que eu estou querendo tornar público?
Saia ou Calças (*ver também* Roupas)	Eu inferior. Paixões.	Que sinais estou enviando?
Sal	Sabor. Tempero. Intensificação.	O que eu quero aperfeiçoar na minha vida?
Sala de aulas (*ver também* Escola)	Trabalho com educação ou treinamento.	O que eu estou preparado para aprender?
Sala de estar (*ver também* Casa)	Espaço central da casa do eu.	O que é central no meu ser?
Sala de jantar (*ver também* Comida; Casa)	O ritual de comer. Formalidade.	De que sustento eu preciso?

Saliência	Protuberância.	O que se projeta para fora? O que estou preparado para perceber?
Salto alto (*ver também* Roupas)	Encanto. Restrição. Convite sexual.	Em que medida sinto-me à vontade com a feminilidade convencional?
Samurai	Trabalho com lealdade. Honra.	Com o que eu estou comprometido? Será que as minhas obrigações me limitam?
Sangue	Essência. Energia Vital. Ameaça à vida.	Por onde, na vida, a minha vitalidade está se esvaindo?
Sapatos (*ver também* Roupas)	Situação geral. Enraizamento.	Em que medida eu me dou bem com o mundo?
Sapo (*ver também* Animais selvagens)	Feiúra contagiosa.	Como e por que escondi a minha verdadeira beleza?
Satélite	Mensagem. Expansão através da tecnologia.	Que notícias distantes estou preparado para ouvir?
Sátiro (*ver também* Bode; Homem)	Trabalho com a união do intelecto com a paixão animal.	Onde, na minha vida, eu estou integrando minha mente e meu corpo? Onde busco a liberdade sexual?

Imagem	Associações	Pergunte a si mesmo
Secretário(a)	Organização. Ordem. Ajuda.	Onde, na minha vida, eu preciso me organizar?
Sedativo	Esquecimento. Fuga.	O que é estimulante ou exige demais de mim?
Segredo	Trabalho com o que está oculto.	O que estou preparado para expor ou revelar?
Seguir	Perseguição.	O que quer ficar perto de mim? Estou preparado para ficar perto do quê?
Segunda mão	Barato. Útil.	Onde, na minha vida, estou querendo "quebrar um galho", ou com o que estou querendo me conformar?
Seguro	Ausência de confiança. Segurança.	De que perdas tenho medo? Como eu bloqueio o meu próprio progresso?
Seios (*ver também* Partes do corpo)	Amamentação. Sexualidade feminina. Amor materno.	O que eu estou alimentando? Qual parte do meu eu precisa ser amada?

Seis (*ver também* Números)	Expansão. Organização. Harmonia. Domesticidade.	Com o que eu estou preparado para me comprometer?
Seixos	Serenidade. Compacidade.	O que está se aproximando de mim? Quais são as arestas que têm sido aparadas?
Selo	Facilidade de comunicação.	O que eu estou pronto para dizer ou ouvir?
Sêmen (*ver também* Sexo)	Aspecto *yang* da fertilidade. Potência.	O que estou trazendo à vida?
Semente	Início. Fonte do ser maior.	O que eu quero desenvolver? Onde eu quero me desenvolver?
Sempre-viva	Persistência no tempo. Imutável.	O que, em mim, é eterno?
Sem-teto (*ver também* Casa)	Privação espiritual. Ausência de estabilidade e segurança.	Qual é a nova estrutura que estou buscando?
Senil	Trabalho com capacidades em declínio.	O que não é mais importante para mim?
Sepultamento (*ver também* Morte; Funeral)	Retorno à terra.	O que eu estou preparado para deixar descansar?

Imagem	Associações	Pergunte a si mesmo
Seqüestrado	Trabalho com independência e liberdade.	Quais responsabilidades eu quero assumir ou tenho medo de assumir?
Sereia ou Tritão	Parte emocional da identidade.	O que eu quero sentir?
Serpente (*ver* Cobra)		
Serra	Serrar. Separação.	O que eu estou formando?
Serra de fita	Separação forçada.	O que eu tenho de arrancar ou cortar fora?
Seta	Ponto de consciência.	O que atinge o alvo?
Sete (*ver também* Números)	Energia à qual se deu forma. Ciclos de crescimento. Disciplina.	O que eu estou pronto para aprender?
Sexo (*ver* os verbetes relacionados por ordem alfabética)		
— *Abraçar*	Proteção amorosa. Reconhecimento.	Qual a parte do meu eu que precisa de mais atenção?
— *Beijar*	Intimidade. Afeto. Saudação.	Com o que ou com quem eu desejo proximidade?

— *Bestialidade* (*ver também* Sexo)	União com paixões ou instintos animais.	Quais os aspectos básicos do meu eu que eu temo ou nego?
— *Caso amoroso*	Entrega. Ardor.	A que eu quero me entregar?
— *Ejaculação precoce*	Má sincronia. Perda de controle.	Quais os sentimentos que me oprimem?
— *Ereção*	Poder criativo. Fertilidade.	O que eu quero fazer ou construir?
— *Estuprador*	Forçar união.	Onde, na minha vida, eu sinto que o meu amor é rejeitado?
— *Estupro*	União forçada.	Com o que eu tenho medo de ser forçado a me unir?
— *Excitação*	Estimulação. Disponibilidade.	A que eu quero reagir?
— *Exibicionismo*	Exposição.	Qual parte do meu eu preciso ver ou compreender?
— *Homossexual*	União — ou medo de união — com aspectos do eu.	Com que parte da minha feminilidade, ou masculinidade, procuro me fundir?
— *Incesto*	Medo do amor.	Estou preparado para ser sexualmente maduro?
— *Luxúria*	Ânsia de posse.	O que vai me satisfazer? Onde, na minha vida, não há preenchimento?

Imagem	Associações	Pergunte a si mesmo
— *Masturbação*	Amor por si mesmo.	Qual a parte de mim mesmo que estou preparado para aceitar e amar?
— *Orgasmo*	Consumação.	O que, na minha opinião, está completo?
— *Orgia*	União indiscriminada.	Onde, na minha vida, eu estou preparado para ter a experiência da unidade de tudo?
— *Pornografia*	Trabalho com intimidade. Sexo anônimo.	Qual é a parte do meu eu que tenho medo de expor?
— *Relação sexual*	União. Liberação. Prazer. Criação.	Com que eu quero me fundir? Com o que eu tenho medo de me fundir?
— *Sadomasoquismo*	Controle da paixão ou instinto.	Como a dor faz com que eu me sinta no controle?
— *Sêmen*	Aspecto *yang* da fertilidade. Potência.	O que eu estou trazendo à vida?
— *Sexo anal*	Submissão. União sem resultados.	A que ou a quem eu quero me submeter, ou tenho medo de me submeter?

— *Sexo extraconjugal*	União ilícita.	O que está faltando no meu relacionamento comigo mesmo?
— *Sexo oral*	Satisfação. Prazer.	Qual parte do meu eu quer dar ou receber prazer?
— *Voyeurismo*	Distância segura em relação aos desejos.	De que eu quero estar perto? Do que tenho medo de estar perto?
Sexo anal (*ver também* Sexo)	Submissão. União sem resultados.	A que ou a quem eu quero me submeter ou tenho medo de me submeter?
Sexo extraconjugal (*ver também* Sexo)	União ilícita.	O que está faltando no meu relacionamento comigo mesmo?
Sexo oral (*ver também* Sexo)	Satisfação. Prazer.	Qual parte do meu eu quer dar ou receber prazer?
Shopping center	Estímulo. Consumo.	Onde, na minha vida, os meus desejos não estão realizados?
Short (*ver* Roupas; Roupa de baixo)		
Sino	Sinal. Reconhecimento. Celebração.	O que eu quero ouvir e o que eu tenho medo de ouvir?

Imagem	Associações	Pergunte a si mesmo
Sistema de segurança	Garantia de segurança.	Que defesas estou me preparando para desativar?
Skate	Expressão juvenil de vigor. Alegre liberdade de movimentos.	Onde, na minha vida, procuro rejuvenescer?
Sobremesa	Indulgência. Banquetes.	O que me dá prazer? Onde as minhas necessidades não são satisfeitas?
Sol	Energia. Luz. Fonte. Poder doador da vida.	O que eu quero receber ou tenho medo de receber?
Solda ou Soldador	Trabalho com liberação emocional.	Que parte do meu eu precisa ser eliminada ou substituída?
Soldado	Trabalho com confrontação.	O que eu estou preparado para desafiar? Onde, na minha vida, tenho medo de desafios?
Sombra	Oculto. Lado escuro da imagem.	O que eu estou preparado para iluminar?
Sonhar	Criar. Despertar para a realidade interior.	O que é real para mim?
Sorrir	Trabalho com alegria ou com pesar.	O que me faz feliz? Pelo que anseio?

Sótão (*ver também* Casa)	Consciência superior. Memória. Acumulação de passado.	O que há "lá em cima" que eu quero explorar ou tenho medo de explorar?
Submarino	Meio de explorar os estados inconsciente e emocional.	Quais sentimentos estou preparado para analisar?
Submissão	Trabalhar cedendo.	Quais os velhos padrões ou crenças dos quais estou preparado para me separar?
Subterrâneo	Material inconsciente.	O que está prestes a subir à minha consciência?
Sucata ou Depósito de sucata	Idéias, atitudes e crenças descartadas.	Que valores posso encontrar no passado?
Sufocação	Comunicação dificultada. Restrição. Dúvida acerca de si mesmo.	O que tenho medo de dizer? Qual parte do meu eu deve se expandir para que eu viva?
Sufocado	Trabalho com liberdade e confiança.	Onde em minha vida estou me preparando para expressar minha força?
Suicídio	Autodestruição. Desistir de parte do eu.	Qual parte do meu eu deve ir-se? O que quero deixar?

Imagem	Associações	Pergunte a si mesmo
Sujeira (*ver também* Terra)	Se negativa, impureza; se positiva, fertilidade.	De que eu preciso para me limpar? Qual a parte de mim que quer crescer?
Sul	Calma. Estar livre de constrangimento. Relaxamento.	Qual parte do meu eu busca liberação?
Surdo	Trabalho com comunicação.	O que eu quero ouvir ou tenho medo de ouvir?
Surfar (*ver também* Água)	Deslizar nas ondas do sentimento.	Quais emoções poderosas estou preparado para curtir?
Sutiã (*ver também* Seios; Roupas)	Eu feminino íntimo.	Como eu expresso a minha feminilidade?
Talão de cheques (*ver também* Cheque)	Recursos disponíveis. Dinheiro conveniente.	De que meios eu disponho?
Tanque de guerra	Armadura. Proteção destrutiva. Ameaça móvel.	O que é perigoso na minha expressão de poder?
Tapete (*ver* Carpete)		

Tartaruga (*ver também* Animais selvagens)	Proteção. Perseverança.	Em que parte da minha vida eu me sinto seguro quando faço as coisas no meu ritmo?
Tatu (*ver também* Animais selvagens)	Couraça. Co-dependência.	Quais são os limites que eu desejo ou preciso estabelecer?
Tatuagem	Auto-expressão não-ortodoxa. Exibição.	Qual a mensagem estranha que eu estou preparado para transmitir?
Taverna (*ver também* Bar)	Convivência. Descontração. Indulgência.	De que tipo de camaradagem tenho sede?
Tecer	Fabricação. Intimidade.	O que eu estou reunindo?
Teia	Comunicação. Rede. Capacidade. Armadilha.	O que eu desejo controlar ou entender? O que me detém?
Teia de aranha (*ver* Teia)		
Telefone	Comunicação a distância.	Quem ou o que eu quero alcançar?
Telefone celular	Comunicação fácil e acessível.	Que tipo de comunicação é de importância vital para mim?
Telefone móvel (*ver* Telefone celular; Carro; Telefone)		

Imagem	Associações	Pergunte a si mesmo
Telescópio	Visão distante.	O que eu quero observar mais de perto?
Televisão	Imagem ou reportagem sobre a realidade. Meio de observar os acontecimentos.	Que história eu estou criando? O que eu quero observar?
Telhado (*ver também* Casa)	Acima. Proteção. Cobertura.	Onde, na minha vida, eu estou pronto para me expandir além das minhas limitações?
Tempestade	Mudança tumultuada.	Que forças estão em conflito dentro de mim?
Templo (*ver também* Relicário)	Alma. Santuário.	Qual é a forma da minha paz interior?
Tempo	Apego. Organização.	Onde, na minha vida, eu estou pronto para ficar despreocupado?
Tenda (*ver também* Casa)	Casa temporária do eu.	Com qual parte natural do meu eu desejo me ligar novamente?
Terapeuta	Trabalho com auto-aceitação e amor.	Que parte do meu eu está preparada para ser integrada?

Terno (*ver também* Roupas)	Formalidade. Identidade profissional.	Por qual poder ou capacidade eu quero ser reconhecido?
Terra (*ver também* Elementos)	Matéria. Enraizamento através da natureza.	Como eu estou ligado ao mundo físico?
Terremoto	Sacudidela na alma. Níveis profundos de mudança.	Qual parte do meu eu está sendo sacudida?
Terror (*ver também* Medo)	Medo paralisante. Perda de confiança.	O que é fundamental para o meu bem-estar? No que confio em mim mesmo?
Terrorista	Violência nascida de frustração.	Onde, na minha vida, eu sinto o meu poder sendo bloqueado?
Tesoura	Arma feminina. Separação.	O que eu desejo cortar?
Tesouro	Realização. Integração. Recompensa material ou espiritual.	Do que eu preciso para me sentir completo?
Teste	Provação ou exame.	Quais capacidades ou qual conhecimento eu estou pronto para demonstrar?
Testículos (*ver também* Partes do corpo)	Poder *yang*. Masculinidade.	Que poder eu estou preparado para expressar?

Imagem	Associações	Pergunte a si mesmo
Teto (*ver também* Casa)	Limites superiores.	Em que parte da minha vida eu estou pronto para elevar os meus limites?
Tigre (*ver também* Animais selvagens)	Poder. Beleza selvagem. Força sexual.	O que é perigoso em mim?
Tijolos	Solidez.	O que eu estou construindo para permanecer?
Topless (*ver também* Seios)	Exposição. Convite.	Como exibo o amor?
Topo (*ver também* Acima)	Culminação. Resolução. Perfeição.	Até que ponto eu cheguei?
Tornado	Violenta força de destruição.	Qual mudança dramática consigo ver se aproximando?
Torneira (*ver também* Água)	Controle ou liberação de emoção.	Quais sentimentos que eu deixo correr e quais eu estanco?
Tornozelo (*ver também* Partes do corpo)	Suporte. Direção.	Para onde estou indo?
Torre	Elevar-se. Ascendência. Algumas vezes, isolamento.	Qual a realização que ando buscando? De qual realização tenho medo?

Tortura	Parte do eu atormentada pelo restante.	De que maneira sou duro cómigo mesmo?
Touro (*ver também* Animais domésticos)	Fertilidade e força. Cólera.	O que incita a minha paixão?
Trabalho (*ver também* Emprego)	Trabalho com desempenho.	Onde, na minha vida, estou frustrado ou satisfeito?
Tráfego (*ver também* Veículos)	Poder ou movimento caótico.	O que me impede de ir aonde quero ou preciso ir?
Transe (*ver também* Canalização)	Estado alterado. Consciência expandida.	Qual parte do meu eu interior eu estou pronto para explorar?
Transplante	Vida nova.	Qual parte do meu eu se sente gasta? Onde, na minha vida, estou buscando renovação?
Tratado (*ver* Acordo)		
Trator	Corpulência. versatilidade.	O que eu estou beneficiando?
Travesseiro	Conforto. Intimidade.	Qual parte do meu eu procura encorajamento?
Trem (*ver também* Viagem; Veículos)	Movimento feito ao mesmo tempo que se pode observar as áreas percorridas ou freqüentadas por viajantes.	O que desejo observar enquanto mudo minha vida?

Imagem	Associações	Pergunte a si mesmo
Trem-fantasma	Diversão. Medo em forma de prazer.	Quais os velhos medos que estou começando a achar engraçados?
Três (*ver também* Números; Triângulo)	Trindade. Equilíbrio de opostos. Sociabilidade.	Como eu integro as minhas diferenças?
Triângulo (*ver também* Três)	Poder dinâmico. Integração de opostos.	Onde, na minha vida, estou desenvolvendo poder a partir da integração de oposições internas?
Tribunal	Resolução de problemas. Conflito.	Que questões eu estou preparado para resolver? Em que aspectos eu tenho medo de um julgamento?
Triciclo (*ver também* Veículos)	Poder imaturo. Movimento brincalhão.	Será que tenho maturidade suficiente para chegar lá? Estou aproveitando bem a jornada?
Trincheira	Esconderijo. Segredo.	Onde, na minha vida, eu preciso me sentir seguro? O que eu quero esconder?
Trinta e três (*ver também* Números)	Salvação e tentação.	Onde, na minha vida, fui bem-sucedido ou fracassei?
Triste (*ver* Mágoa)		

Tropeçar	Obstáculos sem importância. Falta de jeito.	Como posso me movimentar com mais confiança ao longo do caminho da minha vida?
Trópicos	Tórrido. Luxuriante.	Com o que eu quero ser complacente?
Tubarão	Perigos à espreita na emoção.	Qual o sentimento forte que está me ameaçando?
Tumor	Crescimento protetor.	Qual é a velha dor que eu estou pronto para liberar?
Tumulto (*ver também* Turba)	Perda da Individualidade. Conformismo destrutivo.	Onde na minha vida eu estou pronto para ficar sozinho?
Túnel	Caminho através do espaço interior. Provação.	Qual é a luz que me conduz para a frente?
Turba (*ver também* Multidão)	Perda de controle ou de princípio de organização.	Onde, na minha vida, eu estou pronto para mandar nos meus desejos conflitantes?
Um (*ver também* Números)	Começo. Unidade. Essência. Vontade individual.	Quem sou eu?
Unhas (*ver também* Partes do corpo)	Manuseio seguro. Encantador ou funcional.	O que eu estou preparado para manusear ou de que eu desejo me esquivar?

Imagem	Associações	Pergunte a si mesmo
União	Interligação. Junção.	O que está se aproximando de mim?
Unicórnio	Pureza. Consciência mágica. União das naturezas divina e animal.	Onde, na minha vida, estou preparado para sintonizar minha natureza animal com minha essência espiritual?
Uniforme (*ver também* Roupas)	Conformismo.	O que, na minha vida, desejo compartilhar com os outros? Onde quero romper com as regras?
Universidade	Aprendizado superior.	Qual é o conhecimento no qual eu quero me aprofundar?
Universo (*ver também* Escola)	Totalidade de ser. Integridade.	Onde, na minha vida, eu me sinto completo?
Urinar ou Urina (*ver também* Banheiro)	Liberação, em geral, de emoção. Raiva. Dificuldades na liberação emocional.	Quais são os sentimentos que eu estou eliminando? Será que estou com raiva?
Ursinho de pelúcia (*ver também* Animal de brinquedo)	Confiança. Proteção. Fetiche de posse.	Em que devo confiar para amar e ser amado?
Urso (*ver também* Animais selvagens)	Amor possessivo.	De que forma o amor me ameaça?

Uso de mochila (*ver também* Acampamento)	Problemas com a auto-suficiência.	O que eu posso descartar? O que eu tenho de carregar para a minha sobrevivência?
Vaca (*ver também* Animais domésticos)	Dócil e produtiva. Aspecto alimentador do eu, quando passivo.	Sou passivo? O que eu alimento?
Vacinação	Injeção protetora.	O que eu tenho medo de pegar?
Vácuo	Vazio. Ausência. Potencial.	O que está me faltando? O que me satisfaz?
Vagalhão (*ver também* Água)	Emoção avassaladora.	Quais os sentimentos que, na minha opinião, são ameaçadores?
Vaga-lume	Mensagens. Inspiração.	O que me impele à vida?
Vagina (*ver também* Partes do corpo)	Sexualidade feminina. Receptividade *yin*.	O que eu recebo? O que me recebe?
Vale	Proteção. Segurança. Calma.	O que me deixa à vontade?
Valise (*ver* Bagagem; Malas)		
Vampiro	Medo de escoamento de energia.	O que me persegue? Onde, na minha vida, eu nego o meu próprio poder?

Imagem	Associações	Pergunte a si mesmo
Vapor	Poder. Algumas vezes, raiva.	Quais sentimentos estão esquentando dentro de mim?
Vaqueiro ou Vaqueira	Aventura. Romance. Independência.	Qual parte do meu eu quer vagar livremente?
Varanda	Observar. Ver ou ser visto.	O que eu quero observar em segurança? Como eu prefiro ser visto?
Vaso	Receptividade. Demonstração.	O que estou pronto para receber?
Vaso sanitário (*ver* Banheiro, Excremento, Urinar)		
Vazio	Que não contém nada. Descarregar.	O que se foi? Do que eu quero me livrar?
Vegetal	Alimento saudável. Sustento natural.	De que tenho fome?
Veículos (*ver também* nomes dos veículos)	Poder. Movimento. O que o leva ao seu destino.	Qual é o meu poder? Como me sinto em relação ao poder?
— *Acelerar*	Trabalho com realização.	Do que vou sentir falta se não diminuir a velocidade?
— *Avião*	Movimento rápido através de grandes distâncias.	Será que eu estou com pressa de mudar?

— *Barco*	Movimento através das profundezas do sentimento.	Que emoções eu posso negociar com segurança?
— *Bicicleta*	Autopropulsão. Recreação.	Tenho força bastante para fazê-lo? Vai ser divertido?
— *Caminhão*	Capacidade de transportar a carga.	Será que dou conta da responsabilidade?
— *Caminhão fechado*	Poder prático. Conveniência.	Como compartilho o meu poder? Quanto ou quantas pessoas eu posso transportar?
— *Carro*	Poder pessoal. Ego.	Posso chegar lá? Quem sou eu?
— *Carro para simples recreação (ver também* Veículos*)*	A alegria do poder. Diversão rude.	Onde, na minha vida, eu estou pronto para desfrutar da expressão do poder?
— *Cinto de segurança*	Segurança. Restrição.	O que questiona o meu poder?
— *Congestionamento de trânsito*	Poder ou movimento frustrado.	Onde minha energia é bloqueada?
— *Conversível*	Poder de encantamento. Desfile.	Que poder eu estou preparado para demonstrar?
— *Freios*	Controle ou diminuição de movimento.	Onde, na minha vida, eu estou preparado para me sentir mais seguro em relação ao meu poder?

Imagem	Associações	Pergunte a si mesmo
— *Helicóptero*	Movimento em muitas direções.	Onde, na minha vida, eu quero mais liberdade de movimento?
— *Hidroavião*	Planar sobre o mar do sentimento.	Que emoções não me inibem mais?
— *Jipe*	Rudeza. Utilidade. Eficiência.	Onde, na minha vida, eu tenho de ser rude para alcançar meu objetivo?
— *Limusine*	Poder do luxo. Extravagância.	Onde, na minha vida, eu estou pronto para ser conspícuo na minha expressão de poder?
— *Motocicleta*	Virilidade. Vigor. Exibição.	Será que sou mesmo bom? Onde, na minha vida, estou preparado para ser mais altivo?
— *Ônibus*	Viagem compartilhada. Trânsito coletivo.	Como o meu poder pessoal se relaciona com a consciência coletiva?
— *Pneus*	Almofada. Amortecedor.	Onde, na minha vida, eu preciso suavizar o meu caminho?
— *Reboque*	Seguir. Impedimento.	Qual é a carga extra que eu carrego?

— *Tráfego*	Poder ou movimento caótico.	O que me impede de ir aonde quero ou preciso ir?
— *Trem*	Movimento feito ao mesmo tempo que se pode observar as áreas percorridas ou freqüentadas por viajantes.	O que eu quero observar enquanto mudo minha vida?
— *Triciclo*	Poder imaturo. Movimento brincalhão.	Será que eu tenho maturidade suficiente para chegar lá? Estou aproveitando bem a jornada?
Vela	Iluminação. Busca de visão.	O que eu quero ver?
Velho	Maturidade. Degeneração.	O que, na minha opinião, está completo? O que eu estou pronto para substituir?
Veludo	Suavidade. Luxúria.	O que é duro demais para mim? Onde, na minha vida, sou vulnerável?
Venda	Bom valor. Oportunidade.	O que eu estou procurando, mas tenho medo de não poder comprar?
Vendedor *(ver também* Ir às compras)	Serviço. Disponibilidade.	O que eu quero incluir na minha vida?
Veneno	Ações ou pensamentos destrutivos.	O que não me alimenta mais?

Imagem	Associações	Pergunte a si mesmo
Vento ou Ventoso	Estimulação. Sobrecarga sensorial.	Onde, na minha vida, ando buscando estimulação? Onde eu me sinto oprimido?
Verão	Ciclo de fruição. Plenitude de crescimento.	O que estou produzindo?
Verde (*ver também* Cores)	Crescimento. Serenidade. Cura através do crescimento.	Sob que aspectos da minha vida eu estou crescendo?
Verme	Deterioração. Insignificância.	Onde, na minha vida, eu estou preparado para afirmar a mim mesmo?
Vermelho (*ver também* Cores)	Energia. Vigor. Paixão.	Qual é a minha fonte de energia ou de força?
Verruga	Crescimento nocivo. Feiúra.	Onde, na minha vida, eu estou pronto para ser mais atraente?
Vespa	Raiva picante.	Onde, na minha vida, eu quero atacar?
Vestíbulo (*ver também* Casa)	Acesso. Privacidade.	As várias partes do meu eu estão bem interligadas?
Vestido (*ver também* Roupas)	Auto-imagem. Eu feminino.	Quem sou eu? Em que medida eu sou feminina?

Vestido de noite (*ver* Roupas; Vestido; Noite)		
Veterano	Sobrevivente de conflito.	Que batalha terminou para mim?
Véu (*ver também* Roupas)	Ilusão. Mistério.	O que eu quero esconder ou revelar?
Viagem (*ver também* Veículos)	Mudança de um modo ou atitude de vida para outro.	Para onde estou indo? Aonde eu quero ir?
Viciado ou vício	Necessidade obsessiva. Falta de controle.	Qual é o hábito que me ameaça?
Videogames	Competição de alta tecnologia. Capacidade. Destreza.	Quais novas capacidades estão disponíveis para mim?
Vigas (*ver também* Casa)	Apoio protetor.	O que dá apoio à minha consciência superior?
Vinho (*ver também* Álcool; Bêbado)	Convivência. Celebração.	De que eu desejo desfrutar?
Vinte e dois (*ver também* Números)	Missão terrena. O eu e os outros.	Em que eu confio?
Violeta (*ver também* Cores)	Espiritualidade. Limite entre os reinos visível e invisível. Aristocracia.	A que eu aspiro?
Viúva ou Viúvo	Solidão. Isolamento.	Qual parte do meu eu é solitária?

Imagem	Associações	Pergunte a si mesmo
Vizinhança	Problemas com a comunidade.	Onde, na minha vida, estou pronto para me juntar com outras pessoas?
Vizinho	Camaradagem.	O que está próximo de mim? Do que eu gosto ou não gosto em mim mesmo?
Voar	O sonho extático mais comum. Uma combinação feliz de controle e liberdade.	Em que parte da minha vida sinto esse poder feliz?
Voluntário	Trabalho com disposição.	O que eu tenho a oferecer? Pelo que eu me responsabilizo?
Vômito ou Vomitar	Lançar fora pensamentos ou sentimentos indigestos.	Do que preciso me livrar?
Voyeurismo (*ver também* Sexo)	Distância segura em relação aos desejos.	Do que eu quero estar perto? De que eu tenho medo de estar perto?
Vulcão	Erupção de material inconsciente ou reprimido.	O que eu devo esclarecer?
Xamã	Manipulação da realidade.	Qual é a parte do meu mundo que eu estou transformando?

Xampu (*ver* Cabelos; Sabão)		
Xícara	Receptividade.	O que estou preparado para receber?
Yeti (*ver também* Animais selvagens)	Homem-besta. Legendário.	Qual parte do meu eu maior está me espreitando?
Zodíaco	Arquétipos. Aspectos de consciência.	Como eu me relaciono com a minha natureza divina?
Zoológico (*ver também* Animais selvagens)	Selvageria sob controle.	Quais instintos eu quero observar — ou de quais instintos quero desfrutar — em segurança?
Zumbi	Morto-vivo.	O que eu tenho medo de deixar que se vá?

OS SONHOS:

O que são e quais as suas causas

C. W. LEADBEATER

Este volume estuda os sonhos. Trata-se de um dos mais completos, bem fundamentados e claros ensaios elaborado por um famoso pesquisador que se fez conhecido tanto por seus dotes supranormais quanto pelos amadurecidos métodos didáticos que difundiu. De maneira agradável, Leadbeater revela para nós os complexos mecanismos do sonho e do sono, em particular os fatores que os determinam, os fenômenos ilustrativos da dramatização, da previsão e seus diversos simbolismos. Define, além disso, o que é a visão despida de fantasias, distinguindo os sonhos proféticos dos simbólicos, os nítidos e coerentes dos confusos e caóticos, além de comentar as várias experiências levadas a cabo sobre o estado onírico, para, finalmente, explicar-nos os modos de preparar tanto a nossa parte física quanto a psíquica tendo em vista a obtenção de sonhos confiáveis e iluminadores.

Como vêem, trata-se de um pequeno volume capaz de auxiliar qualquer pessoa, que, de fato, se interesse em conhecer, esmiuçar e cultivar, pela via régia dos sonhos, o precioso mundo interior existente em cada um de nós.

EDITORA PENSAMENTO

SONHOS:
Respostas desta Noite para as Dúvidas de Amanhã
Mark Thurston

Publicado em conjunto com a Association for Research and Enlightenment, Inc., que tem orientado e encorajado a pesquisa sobre os textos deixados por Edgar Cayce, desde 1931, este volume faz parte de uma série que investiga a filosofia, os ensinamentos, as visões e os métodos de Edgar Cayce.

Neste livro, Mark Thurston vai além da simples interpretação de sonhos, penetrando num plano em que eles são considerados uma fonte incomparável de ajuda na preservação da saúde, no aumento da sensibilidade, na superação de obstáculos ao crescimento pessoal e espiritual e na preparação para acontecimentos futuros. Este guia fascinante oferece conselhos relativos aos muitos tipos de sonhos que ocorrem e ensina como aperfeiçoar a capacidade de recordar os sonhos.

Em *Sonhos: Respostas desta Noite para as Dúvidas de Amanhã*, Thurston nos apresenta inúmeros exemplos de sonhos e de interpretações possíveis, além de exercícios que promovem uma melhor compreensão das experiências oníricas. Há ainda um Dicionário de Símbolos Oníricos de Edgar Cayce.

Assim, com base nas pesquisas feitas na obra desse que é um dos maiores sensitivos de todos os tempos, e em outras fontes, este livro serve de estímulo para que o leitor estabeleça uma base a partir da qual possa interpretar o significado de seus próprios sonhos.

Mark Thurston, Ph.D., tem formação acadêmica em psicologia e escreveu livros sobre meditação, profecia e espiritualidade prática.

COLEÇÃO "EDGAR CAYCE"

SONHOS - Respostas desta Noite para as Dúvidas de Amanhã - *Mark Thurston*
O CRESCIMENTO ATRAVÉS DA CRISE PESSOAL - *Harmon Hartzell Bro e June Avis Bro*
REENCARNAÇÃO - Reivindicando o seu Passado, Criando o seu Futuro - *Lynn Elwell Sparrow*
DESPERTANDO SEUS PODERES PSÍQUICOS - *Henry Reed*

EDITORA PENSAMENTO

SONHOS, SIGNOS E SUCESSO

Doris Kaye

Agora, e pela primeira vez, um livro examina os sonhos com o auxílio da Astrologia, esmiuçando as maravilhosas revelações psíquicas, afetivas, financeiras e profissionais que os sonhos reservam para cada um de nós. Saiba por que cada signo é o mais propício a um certo tipo de sonho. Saiba também o que os seus sonhos individualizados poderão significar para você, de acordo com as determinações do seu signo solar. Com o auxílio deste livro fascinante, você vai descobrir o que os astros e o seu inconsciente lhe reservaram, capacitando-se a compreender os sonhos, a modificar a sua vida de modo a fazer dela uma vida sem problemas, com o fito de poder alcançar a felicidade e o sucesso.

EDITORA PENSAMENTO

OS SONHOS E A MORTE – Uma interpretação junguiana

Marie-Louise von Franz

A morte ocupa o primeiro lugar entre os grandes enigmas que o homem tenta decifrar. Quando se depara com ela, seu inconsciente logo desenvolve imagens simbólicas e míticas que passam a povoar os seus sonhos. Essas imagens podem ocorrer nos sonhos de pessoas de meia-idade e, mais insistentemente, nos sonhos de pessoas que estão prestes a morrer. O livro de Marie-Louise von Franz mostra, em primeiro lugar, o que esses sonhos nos querem transmitir.

A autora aborda esse tema do ponto de vista da psicologia junguiana. Em primeiro lugar, mostra como nosso inconsciente nos prepara para essa transição, valendo-se, para tanto, de um rico material etnológico, histórico, religioso e alquímico, e, ocasionalmente, de informações de cunho parapsicológico. É desse material que podemos apreender o múltiplo simbolismo que esses sonhos contêm.

A mensagem animadora deste livro é a de que os sonhos com a morte podem ser interpretados como a voz da natureza que se manifesta em nós. Através dela, nossa alma deseja transmitir-nos a crença numa continuação da vida após a morte.

* * *

Diplomada em filologia clássica pela Universidade de Zurique e conhecida internacionalmente pelos livros que escreveu, a dra. Marie-Louise von Franz nasceu em Munique mas sempre viveu na Suíça, país do qual se tornou cidadã em 1932. Colaboradora assídua de Jung durante 28 anos, trabalha atualmente na área de treinamento de analistas do Instituto C.G. Jung de Zurique. Dela a Editora Cultrix publicou: *Adivinhação e Sincronicidade, Alquimia, C.G. Jung – Seu Mito em Nossa Época* e *O Significado Psicológico dos Motivos da Redenção nos Contos de Fadas.*

EDITORA CULTRIX

O Poder dos Sonhos

Brian Inglis

Por que sonhamos? De que modo os sonhos ajudam os artistas no processo de criação? Como os sonhos podem nos ajudar na solução de problemas do dia-a-dia? Em que sentido podem revelar acontecimentos futuros?

Este amplo e impressionante panorama sobre o sonho traçado por Brian Inglis examina minuciosamente as provas históricas, descreve as pesquisas que estão sendo feitas sobre o assunto e prossegue mostrando casos concretos que provam a existência de um elemento psíquico nos sonhos e os motivos pelos quais devem ser levados a sério.

Depois de discorrer sobre a influência dessas "visões noturnas" em escritores como Robert Louis Stevenson, Edgar Allan Poe, Sir Walter Scott, W. B. Yeats e Graham Greene, o livro prossegue citando o testemunho de cientistas como Nils Bohr, Henri Fabre e Friedrich Kekule, narrando casos nos quais determinados sonhos serviram de lembrete ou para resolver problemas relacionados com o trabalho.

As provas quanto à comunicação extra-sensorial nos sonhos é algo fascinante e, em sua maioria, extraída dos arquivos londrinos da Koestler Foundation. Sonhos de pré-cognição, sonhos proféticos e de advertência, assim como os "sonhos desperto" são todos indicações de que, enquanto dormimos, a mente pode captar informações úteis que, em geral, estão fora do nosso alcance quando estamos acordados.

* * *

De Brian Inglis a Editora Cultrix publicou *O Mistério da Intuição.*

EDITORA PENSAMENTO

DICIONÁRIO DOS SONHOS

Stearn Robinson & Tom Corbett

O interesse pelos sonhos vem da mais remota Antiguidade. Logo nas primeiras páginas da Bíblia, os sonhos de Jacó e de José estão intimamente ligados aos fatos básicos sobre os quais se funda toda a história de Israel. Acresce ainda a circunstância de ser José, além de um sonhador, um intérprete de sonhos. Foi por isso que ele encontrou graça aos olhos do Faraó, ao interpretar o sonho das sete vacas gordas e das sete espigas granosas que eram devoradas por sete vacas magras e sete espigas mirradas.

Contudo, muitos séculos haveriam de transcorrer para que o sentido premonitório dos sonhos deixasse de ser considerado uma simples especulação da crendice popular e passasse a merecer a atenção dos estudiosos. Só a partir de Freud é que a interpretação simbólica dos sonhos deixou de ser um tabu para os cientistas e se transformou num dos principais esteios da psicanálise.

Com Carl Jung, Karen Horney e outros psicólogos, de veículos exclusivos da psicanálise, os sonhos passaram a ser um componente substancial e importante em todas as pesquisas relacionadas com a psique.

Este *Dicionário dos Sonhos* o ajudará a desvendar essas mensagens cifradas de seu inconsciente. Fruto de longas pesquisas em fontes antigas e modernas, seus 3.000 verbetes constituem um valioso guia para todos os que gostam de refletir sobre o significado dos sonhos.

EDITORA PENSAMENTO

Outras obras de interesse:

O CAMINHO DOS SONHOS
Marie-Louise von Franz em conversa com *Fraser Boa*

COMO OS SONHOS PODEM NOS AJUDAR
Soozi Holbeche

DECIFRANDO A LINGUAGEM DOS SONHOS - O Tempo do Sonho e o Trabalho com os Sonhos
Stanley Krippner (org.)

O SONO SAUDÁVEL
Dr. Günther Lippler (org.)

A REGRESSÃO A VIDAS PASSADAS COMO MÉTODO DE CURA - A Comprovação Experimental da Teoria da Reencarnação
Thorwald Dethlefsen

A TERAPIA DA REENCARNAÇÃO - As possibilidades oferecidas pela regressão a vidas passadas
Harald Wiesendanger

OS CICLOS DE REENCARNAÇÃO
Mona Rolfe

POLTERGEIST - Algumas de suas ocorrências no Brasil
Hernani G. Andrade

PSI QUÂNTICO
Hernani G. Andrade

A NATUREZA DAS COISAS
Lyall Watson

PONTE ENTRE O AQUI E O ALÉM - Teoria e Prática da Transcomunicação
Hildegard Schäfer